U0448764

学生国学丛书新编

主编 王　宁
顾问 顾德希

礼记

叶绍钧　选注
王延模　校订

商务印书馆
The Commercial Press

2018年·北京

学生国学丛书新编

主　　编：王　宁
顾　　问：顾德希
特约编辑：王志彬
审 稿 组：党怀兴　董婧宸　凌丽君
　　　　　赵学清　周淑萍　周玉秀

总序之一

——在阅读中走进中华优秀传统文化

王 宁

王云五、朱经农主编的《学生国学丛书》,是一套为中学生和社会普及层面阅读古代典籍所做的文言文选本。它隶属在王云五做总主编的《万有文库》之下,1926年开始陆续由商务印书馆出版。20世纪20年代开始策划时,计划出60种,后来逐渐增补,到1948年据说已经出版了90种;因为没有总目,我们现在搜集到的仅有71种。由于今天弘扬中华优秀传统文化和提高文言文阅读能力的社会需要,我们决定对这套丛书进行适应于现代的加工编辑,将它介绍给今天的读者。

在推介这套丛书的时候,我们保存了原编的主要面貌:选书与选篇基本不变,将原书绪言保留下来,每篇选文原注所选的注点,也作为这次新编的重要参考。这样

总序之一

做是为了尽量借鉴前贤的一些构思和作法，并保留当时文言文阅读水平的基本面貌，作为今天的参考。

《学生国学丛书》是本着商务印书馆"昌明教育，开启民智"的一贯宗旨编选的，阅读群体应当主要是当时的中学生。20年代的中学生阅读文言文的水平显然比今天高一些，因为那时阅读文言文的社会环境与现在不同，虽然白话文已经通行，但书信、公文、教科书和报刊中，都还保留了不少文言文。国文课的师资，很多也是在国学上有一些根柢的文士。在知识界和语文教育界，文言文阅读还不是什么难事。今天，文言文阅读水平既关系到继承和弘扬中华优秀传统文化的效能，又关系到现代社会总体人文素质的提高，应当达到什么程度最为合适？民国时期是可以作为一个基准线的。

《学生国学丛书》体现了20世纪之初一些爱国的出版家和教育家把中华优秀传统文化传承给下一代的情怀、理想和实干精神。他们策划这套丛书的宗旨和编则，可资借鉴的地方很多，他们的实践经验、教育精神和国学学养值得我们学习的地方也很多。这一点，是我们了解了丛书的主编和40多位编选者的情况后感受到的。

丛书的主编王云五、朱经农，都是我国20世纪初爱国、革新的出版家。王云五主编《万有文库》，开创了我国图书出版平民化的新纪元，体现了新文化运动中普及

总序之一

文化教育的先进思想。《学生国学丛书》是《万有文库》里专门为中学生编选的,目的是将弘扬民族文化精华的理念带入初等教育,这在当时不能不说是有远见的。两位主编不论在反对封建帝制的革命中,还是在民族危难的救国图强斗争中,都有可圈可点的事迹,值得钦佩。与两位主编合作的40多位编写者,多是辛亥革命的参与者和新文化运动的前沿人物。他们熟悉古代文典,对中国文化理解通透,领悟深刻,又有强烈的反封建意识;其中很多都在中小学教育领域里有过丰富的实践经验,教过国文,编过教材,研究过教法。这里有我们十分熟悉的教育家和文学家,如我国现代教育特别是语文教育的领军人物叶绍钧(他后来的名字是叶圣陶),新文化运动的先驱者、中国革命文艺的奠基人之一、著名作家茅盾(他当时的名字是沈德鸿,后来为大家熟悉的姓名是沈雁冰)。这两位,多篇作品都被收入中学语文课本,20世纪50年代以后的老师、同学是无人不知的。其他如著作丰厚、名震一时的藏书家胡怀琛,国学根柢深厚、考据功底极深、《中国人名大辞典》《中国古今地名大辞典》的主要编写人臧励龢,我国语文教育的改革家庄适等。

20世纪初的中国社会,多种文化思潮纷纭杂沓:改良主义者提出"师夷制夷""严祛新旧之名,浑融中外之迹"的折中主张;历史虚无主义者在"全盘西化"的徽帜下将西方的一切甚至文化垃圾照单全收；殖民主义文化论者叫嚣中国道德一律低级粗浅，鼓吹欧洲人生活方式总体文明高超；另一方面，封建复辟野心家的代言人则一味复古，用古代的文化糟粕来抵抗新文化的建构。这些，都对比出爱国的出版家、学问家、教育家既要固本又要创新的理想和实践精神的可贵；也让我们认识了新文化运动及革命文学的前沿人物坚守教育阵地的不懈努力，懂得了他们的编纂意图和深厚学养。保留丛书主要面貌，就是对他们成果的尊重和信任。

随着中华优秀传统文化的广泛传播，随着中小学语文教学改革的深入发展，在读书成为教师、家长和渴求文化的大众普遍要求之时，文言文阅读将会是其中一个重要的内容。有人说，文言只是一种古代的书面语，口语交际和现代文本已经不再使用，我们为什么还要学习文言文呢？在推介这套丛书的时候，我们有必要来回答这个问题。

文言是古代知识分子和正统教育使用的书面语言，具有超越时代、超越方言的特性，因而也同时具有了记载数千年中华民族灿烂文化的主要功能，它是与中华民族文明史共存的。许慎《说文解字叙》说汉字的作用是"前人所以垂后，后人所以识古"，这两句话即是对汉字记录的文言说的。我国历史悠久，文化遗产丰富，用文言记录的历史文献，用文言撰写的文学作品，多到不可计数，只有学习它，才能从古知今，以史为鉴。文言所记录的，不仅是古代社会的典章制度和政治经济，还有先贤哲人的人生经验和思想哲理，让我们看到中华民族一代又一代人的智慧。想想看，如果我们及早领会了古人"斧斤以时入山林"的采伐规则，便不会过度开发建材，造成那么多秃山荒岭，把气候搞得这样糟糕。我们读过也理解了"今之孝者是谓能养。至于犬马，皆能有养。不敬，何以别乎"这段话，就会在对待长者时，把他们的尊严看得和他们的生计同等甚至更加重要！"防民之口甚于防川""水能载舟亦能覆舟"，这是对阻塞言路者多么深刻的警醒。在道德重建的今天，中国传统道德中"己所不欲勿施于人"的利他主义，"爱民""富民""民为重"的民本思想，"以不贪为宝"的清廉品德，"志士不忘在沟壑，勇士不忘丧其元"的大义凛然态度，"吾日三省吾身"的自律精神，"君子怀刑"的守法意识，……这些，即使在今天的一般阅读中，也已经深入人心。可以想见，进入深度阅读后，我们一定会受到更多的启迪，在阅读中产生更多的惊喜。著名的国学大师、革命家和思想家章太炎，1905年7月15日在东京留学生欢迎会上演讲时说："近来有一种欧化主义的人，总说中国人比西洋人所差甚远，所以自甘暴弃，说中国必定灭亡，黄种必定剿灭。因为他不晓得中国的长处，见得别无可爱，就把爱国爱种的心日衰薄一日。若他晓得，我想就是全无心肝的人，那爱国爱种的心，必定风发泉涌，不可遏抑的。"阅读文言文，就是要使我们具有这种文化自信。是的，遗产是有精华也有糟粕的，古代的未必都适合今天；我们只有真正读懂文典，将历史面貌还原，再有了正确的价值观，才能辨析断识，而不是道听途说，更不会受人蛊惑。在这个意义上，文言文阅读作为吸收中华优秀传统文化的必要途径，绝不是可有可无的。

文言文阅读是产生汉语正确语感的一个重要源泉。汉语不是一潭死水，从古到今，不知吸收了多少其他民族的词汇和句法，也曾经夹杂着很多不雅甚至不洁的成分；但是，文言经过数千年的洗涤、锤炼，已经渐渐将切合者融入，不切合者抛弃。经过大浪淘沙、优胜劣汰而能流传至今的美文巨制，会更加显现汉语的特点。而现代汉语刚刚一个世纪，在根柢不深、修养不佳的人们的口语里、文辞中，常常会受外语特别是英语的影响，受不健康的市井俚语的侵染，产出一种杂糅的语言。我们想在运用现代汉语时真正体现出汉语的特点，比如词汇丰富、句短意深、注重韵律、构造灵活等，提高用健康、优美的汉语表达正确、深刻的思想的能力，文言会带给我们一些天然的汉语语感。热爱自己的本国语言，不断提高运用汉字汉语的能力，这是每一个人文化素养

总序之一

中最重要的表现；克服语言西化、杂糅的最好办法，是在学习规范、优美的现代汉语的同时，对文言也有深入的感受和体验。

文言文阅读还是从根本上理解现代汉语的重要条件。人们都认为现代汉语与文言差别很大，初读时甚至感到疏离隔膜、难以逾越。其实，汉语是一种词根语，词汇和语义的传衍非常直接，文言中百分之七十的词汇、词义，在现代汉语的构词法里都能找到。在书面语里，文言单音词的构词能量有时会比口语词更强。经过辗转引用积淀了深厚文化底蕴的典故、成语，成为使用汉语可以撷取的丰富宝库。如果我们对文言一无所知，是很难深入理解现代汉语的。有些人认为，在语文教学中现代文阅读和文言文阅读是两条线，其实，在词汇积累层面上，应该把它们并成一条线。学习文言与学习现代汉语，在积累词汇、理解意义、体验文化、形成语感方面是相辅相成的。

在推介《学生国学丛书》的时候，我们也有另外一重考虑。这套丛书毕竟经过了将近一个世纪，时代和社会都发生了根本的变化，我们有了更加明确的核心价值观和适应于现代的审美意识，语言、文字、文学、文献、教育都有了更新的研究成果，对丛书进行适度的改编，也是绝对必要的。所以，这次新编，我们主要做了五项

总序之一

工作：第一，为了今天在校学生和普通读者阅读的方便，改竖排为横排，标点符号也随之改为现代横排的规范样式。第二，变繁体字为简化字，在繁简转换的过程中，对在文言文语境中有可能产生意义混淆的用字，做了合理的处理。第三，采用今天所见较好的古籍版本对原书的选文进行了审校，订正了文句的错、讹、脱、衍。第四，对原书的注释进行了修改、加工、调整，使注释更加准确、易懂，对地名和名物词的解释，也补充了最新的资料。第五，撰写了新编导言，放在原书绪言的前面。原编者和新编者对同一部书和同一篇文的看法，或所见略同，或相辅相成，或角度各异，或存在分歧，都能促进阅读者的思考和讨论，引发延展性学习，带动更多篇目和整本书的阅读。

《学生国学丛书》本来是一套开放的丛书，我们还会根据教学和读者的需要，补充一些当时没有被选入的优秀古代典籍的选本，使新编的丛书不断丰富。

我国每年有将近两亿的青少年步入基础教育，一个孩子有不止一位家长，这是一个多么庞大的读书群体。将一个世纪以前的《学生国学丛书》通过新编激活，让它走进一个新的时代，更好地发挥它在语文教育和弘扬我国优秀传统文化中的作用，这是我们之所愿，也希望能使编写这套书的前辈们夙愿得偿。

总序之二
——植入健康的文化基因

顾德希

优秀的传统文化是中国人的精神家园。学生多读些国学典籍,将有助于把优秀传统文化的基因植入肌体。王宁老师的"总序",对本丛书的这一编辑意图已有深入全面的阐释,我打算就如何阅读这套丛书,或者说如何阅读文言文,做些补充性说明。

这套丛书的每一本,都专门写了新编导言。这是今日读者和原书连接的桥梁。人们常把桥梁喻为过河的"方法",所以也可以说,新编导言之所谓"导",就是力图为各类学生和更多读者提供一些阅读的方法。

这套丛书有好几十本,都是极有价值又有相当难度的国学经典,如不讲究阅读方法,编辑意图的实现会大打折扣。但这些经典差异性很大,《楚辞》和《庄子》的

总序之二

阅读肯定很不同,《国语》和《周姜词》的阅读方法差别就更大,即使同是词,读《苏辛词》与《周姜词》也不宜用完全相同的方法。因此本丛书新编导言所提供的阅读方法,针对性很强,因书而异。但异中有同,某些共性的方法甚至更为重要。不过,这些共性的方法渗透在每一篇导言中,未必能引起足够重视。下面,我想谈谈文言文阅读的四个具有共性的方法。

一、了解作者和相关背景,了解每本书的概貌,对每本书的阅读都很重要,这毋庸置疑。但一般读者了解这类相关知识,目的仅在于走近这本书。因而涉及作者、背景、概貌等,导言中一般不罗列专业性强的知识,而诉诸比较精要的常识性叙述。比如对《吕氏春秋》作者吕不韦,并没有全面介绍,也没有像过去那样从伦理道德上对这个历史人物加以贬抑,而只侧重叙述了他作为政治家的特点,因为明乎此便很有助于了解《吕氏春秋》。又如《世说新语》的成书背景有其特殊性,也需要了解,但限于篇幅,叙述的浓缩度很大。凡此种种必要的常识,新编导言里一般是点到为止,只要细心些,便不难从中获得多少不等的启发。兴趣浓厚者,查找相关知识也很容易。

二、借助注解疏通文本大意之后,就要反复诵读。某些陌生的词句,更要反复诵读。一句话即使反复诵读二十遍也用不了两三分钟,但这两三分钟却非常重要。

  "诵读"是出声音的读,但并不是朗诵。大家所熟悉的现代文朗诵,不完全适用于文言诗文。朗诵往往是读给别人听,诵读却是读给自己听。古人所谓"吟咏",是适合于当时人自己感悟的一种诵读。今天的诵读,用普通话即可,节奏、抑扬、强弱、缓急,都无客观规定性,可随自己的感受适当处理。如果阅读文言文而忽略了诵读,效果至少打一个对折。不念出声音的默读,是只借助视觉器官去感知;出声音的诵读,是把视觉、听觉都动员起来的感知,其所"感"之强弱不言而喻。而且一旦读出声音,就让声带、口腔等诸多器官的运动参与进来了,凡诉诸运动器官的记忆,最容易长久。会骑车的人,多年不骑,一登上车还是会骑。因为骑车的感觉是一种运动记忆。文言语感的牢固形成与此类似。古人所谓"心到、眼到、口到"之说,实在是高效形成文言语感的极好方法。不管是成篇诵读,片段诵读,还是陌生词句的反复诵读,都是提升文言文阅读能力的好办法。本丛书的每一篇新编导言并未反复强调"诵读",但各种阅读建议无不与某些片段的反复读相关。既读,就要"诵",这是文言文阅读的根本方法。

  三、应用。这是与文言翻译相对而言的。把文言文阅读的重点放在"翻译"上,副作用很多。一是不可避免信息的丢失。概念意义、情味意蕴，都会丢失。课堂教学中让学生把一篇文言文从头到尾"对号入座"地搞翻译，是文言教学中的无奈之举。一句一句，斤斤计较于文言句法词法和现代汉语的异同，结果学生的诵读时间没有了，刻意去记的往往是别别扭扭的"译文"，而精彩的原文反倒印象模糊，这不是买椟还珠吗！所以，在疏通大意、反复诵读的同时，一定要重视"应用"。应用，就是把某些文言词句直接"拿来"，用在自己的话语当中。比如，在复述大意时，在谈阅读感受理解时，不妨直接援引几句原话。如果能把原文中的某些语句就像说自己的话一样，自然而然地穿插到自己的述说中，那就是极好的应用。本丛书新编导言中援引原作并有所点评、有所串释、有所生发之处很多，但绝不搞对号入座的翻译，这不妨看作文言文阅读方法的一种示范。新编导言中有很多建议，要求结合作品谈个什么问题，探究个什么问题，都不同程度地含有这种"应用"的要求。

四、坚持自学。这套丛书，为学生自学文言文敞开了大门。学生文言文阅读的状况永远会参差不齐。同一个班的高中生，有的已把《资治通鉴》读过一遍，有的能写出相当顺畅的文言文，但也有的却把"过秦论"读成"过奏论"，这是常态。只靠面对几十个人的文言课堂讲授，几乎不可能使之迅速均衡起来。只有积极倡导自主性学习，才可能有效提高教学质量。本丛书的新编导言，高度重视对文言自学的引导。每篇新编导言都就怎样去读提出许多建议。这些建议有难有易，不是要求每一个人全都照着去做。能飞的飞，能跑的跑，快走不了的慢走也很好。新编导言在"导"的问题上，从不同层次上提出不同建议，相信各类学生都能找到适合自己的要求。只要选择适合自己或者自己感兴趣的要求，坚持不懈去"读"，去"用"，文言文的自学一定会出现令人惊喜的成果。从这个意义上说，本丛书的每一本，都是适合于各类读者自学国学经典的好读本。每一本中经过精心处理的注解，是自学的好帮手；而每一篇新编导言，又都可对自学起到切实的引导作用。只要方法对，策略恰当，那么这套丛书肯定能帮助我们有效提高文言文阅读水平。

目前，在深化高中语文课改的大背景下，很多学校高度重视突破过去那种一篇篇细讲课文的单一教学模式，开始重视"任务群"的学习，重视整本书的阅读，重视选修课的开设，重视校本课程的建设。在这样的大背景下，如果学校打算从本丛书中选用几本当作加强国学教育的校本教材，那么"新编导言"对使用这本书的教师来说，也可起到某种"桥梁"作用。

不管用一本什么书来组织学生学习，都必须对学生

总序之二

怎样读这本书有恰当引导。这是提高教学质量的一定不移之理。恰当的引导，要有助于各类学生更好地进入这本书的阅读，要有助于各类学生更好地开展自主性学习，要使之在文本阅读中进行有益的探究，并获得成功的喜悦。为了使新编导言的"导"能起到这样的作用，本丛书专门组织了多位一线优秀教师先期进入阅读，并把成功教学经验融入新编导言。因此，我们有理由相信，新编导言可以成为组织学生学习活动的有益借鉴。导言中结合具体作品对阅读所做的那些启发、引导，针对不同水平读者分层提出的那些建议，都将有助于教师结合自己学生的实际情况进一步拟出付诸实施的具体导学方案。

我相信，只要阅读文言文的方法恰当，只要各类读者从实际情况出发，循序渐进地学，优秀传统文化的基因就一定能更好地植入肌体。

目　录

新编导言 …………………………………… *1*

原书绪言 …………………………………… *11*

王制 ………………………………………… *21*

礼运 ………………………………………… *47*

礼器 ………………………………………… *64*

学记 ………………………………………… *80*

乐记 ………………………………………… *89*

祭义 ………………………………………… *118*

经解 ………………………………………… *136*

哀公问 ……………………………………… *140*

仲尼燕居 …………………………………… *146*

孔子闲居 …………………………………… *152*

坊记 ………………………………………… *157*

中庸 ………………………………………… *169*

表记 …………………………………… *190*
缁衣 …………………………………… *206*
大学 …………………………………… *218*

新编导言

《礼记》成书于汉代，由西汉戴圣采集先秦旧籍编辑而成。在儒家经典"十三经"中，《礼记》《周礼》《仪礼》被称为"三礼"，而《礼记》最为后人所重。宋代的程颢、程颐从《礼记》中抽出《大学》《中庸》，分别单独成书，朱熹进一步将它们与《论语》《孟子》合称"四书"。明清的科举考试，都从这里面出题。这个历史演进过程，说明《礼记》的重要地位日益提升。故清代学者焦循说："《周礼》《仪礼》，一代之书也。《礼记》，万世之书也。"强调《礼记》有超越时代的意义。

近代学者梁启超把《礼记》定为"必读"的国学典籍。他说《礼记》"为青年不可不读之书，而又为万不能全读之书"①。他认为，若以拓展常识与增进修养为目的，就必须好好读《中庸》《大学》《礼运》诸篇。章太炎先生是十九、二十世纪之交的国学大师，主张与梁启超相近。

叶圣陶先生赞同章、梁的意见，从《礼记》四十九篇中选出十五篇，辑为本书。这十五篇是《礼记》精华，值得阅读品鉴。

下面谈几点阅读建议。

一、了解"礼"的基本意义。

通俗地说，"礼"就是某种规矩、某种行为规范。对"礼"的看重，与儒家拯人济世的抱负紧密相关。从夏到商，再到周，礼有演变过程，但作为维持社会秩序的某种规矩，"礼"始终存在着。社会各阶层各有其"礼"：王廷之礼、诸侯之礼、大夫之礼、士之礼、庶民之礼。接待神祇，孝敬祖先，建立伦常，区别尊亲，莫不有所循之礼。儒家认为，各自恪守其礼，社会就会趋向稳定。"礼者，君之大柄也。"遵礼，方可天下为公，大道得行；倘若礼崩乐坏，势必趋于乱世。所以孔子大声疾呼恢复礼制。

"礼"并非凭空产生的。中国人由天地的动静、四时的节律、昼夜的来复、生死的绵延，感到宇宙是生生而有条理

---

① 梁启超：《要籍解题及其读法》，载《梁启超国学讲录二种》，中国社会科学出版社，1997年，第95页。

的。著名美学家宗白华先生说:"这'生生而条理'就是天地运行的大道。"他进一步阐释道:"这种最高度的把握生命,和最深度的体验生命的精神境界,具体地贯注到社会实际生活里,使生活端庄流丽,成就了诗书礼乐的文化。"(《美学散步》)

在今天的社会生活中,形诸规矩的"礼"依然存在。小而言之为起居进退之仪,大而言之为人际交往之道。即使国家之间,不也要"礼尚往来"么!

二、研读《礼记》的方法,可概括为"辨字读、章句","审名物","求条理"。(黄侃先生语)[①]

《礼记》中的记述离我们生活较远,阅读时需借助注释。《礼记》的注释,以汉代郑玄"注"和唐代孔颖达"疏"为最佳,一简一繁,在经学史上被誉为"双璧"。本书注释以郑注和孔疏为依据,包括注音解词、疏通句义等。阅读本书要细心体悟注释,克服疏通文句的难点。这就是"辨字读、章句"。

"审名物",指了解《礼记》中的名物词。这是些具有专指、特称意义的词,它们构成了中国礼仪文化中独有的话语

[①] 钱玄:《记蕲春黄先生讲三礼》,载程千帆、唐文编《量守庐学记——黄侃的生平和学术》,生活·读书·新知三联书店,2006年,第138页。

体系。比如六礼：冠礼、婚礼、丧礼、祭礼、乡饮酒礼、士相见礼。比如五教：父子有亲，君臣有义，夫妇有别，长幼有序，朋友有信……。其中又还有进一步讲究。这样的"专词"在《礼记》中很多。读者在阅读中若有兴趣，可以就某些名物词做些探究。比如"九州"是哪九州？什么叫作"殡葬"？弄清些名物词，追踪其历史沿革，可以丰富我们对古代社会的认知。

"求条理"，指弄清一篇的条理，也指弄清全书内在的条理。这个要求较高。初读者可降低这方面要求。

三、注意对某些语段的仔细琢磨。

初读者宜选些重点语段仔细琢磨。语段，就是所谓"章句"的"章"。初读者对某一篇的阅读，不一定要逐段精读细啃，大致浏览，理清脉络即可。而对某些语段则要仔细琢磨。

比如《中庸》。从开头到"天地位焉，万物育焉"，可看作对"中庸"的总说。接下来，具体述说古圣先贤们怎样理解中庸之道，怎样修养品德（即"修身"），强调任何人的"修身"都可以达到很高境界。再接下来，从"自诚明，谓之性"以下，进一步强调修养是没有止境的。而其中所说的"非礼不动，所以修身也"，则点明了"修身"与"礼"的关系。这就是大致浏览。而《中庸》里值得琢磨的语段很多。比如开头谈什么是"中庸"：

新编导言

> 喜怒哀乐之未发谓之中,发而皆中节谓之和。中也者,天下之大本也;和也者,天下之达道也。致中和,天地位焉,万物育焉。

意思是说,喜怒哀乐这些内心的情感是自然产生的,是人的本性,无所谓偏倚,这就叫"中"。这些情感外显出来而能"中节"——恰如其分,没有乖戾,没有做作,没有偏颇,符合人的本性,就叫"和"。如果我们这样琢磨琢磨,大概就会对"中"是"天下之大本","和"是"天下之达道"有些领会了。如果能朝这方面提高修养,那就会"天地位焉,万物育焉"了。上海有所著名的老学校,校名叫"位育",就体现了对此的憧憬。

又比如,什么是"强"?《中庸》里有这么几句:

> 君子和而不流,强哉矫!中立而不倚,强哉矫!国有道,不变塞焉,强哉矫!国无道,至死不变,强哉矫!

一般人把以力胜人看作强,把金戈铁马、所向披靡看作强,但这里把"和而不流""中立而不倚"看作强,显然是更看重思想的强大。因为有独立的思想才能做到和而不流,在众声喧哗中葆有自己的本心和追求。文天祥、谭嗣同、林觉民这些人之所以能毅然献身,义无反顾,就是他们拥有强大的内心追求。他们懂得在生死之上有更高的存在——可能是道义,可能是信仰。而他们的追求至死不渝,不正是这里说的"强"么!

《大学》与《中庸》都讲"修身",但大致浏览便不难发现,《大学》讲"修身",更多地与治国、平天下相联系。其中有些名段,也很值得琢磨。例如:

> 大学之道,在明明德,在亲民,在止于至善。知止而后有定,定而后能静,静而后能安,安而后能虑,虑而后能得。物有本末,事有终始。知所先后,则近道矣。

所谓"大学",是相对于详训诂、明句读的"小学"而言的。所谓"大学之道",就是治国安邦之道。若仔细琢磨,这几句所含的意思很多,很丰富,最好分三个层次来把握。

第一层,强调"明明德"。明德,指原本善良的本性初心。但初心易被外物所蔽,所以要不断地去"明",即葆有赤子之心并发扬之;同时推己及人,要"亲民",关怀更多的人,并引领自我走向止于所当止的至善境界。这一层,先说提升自身修养,再说去影响他人,由内而外,又由外而内,于是达到"止于至善"。这是个逐渐深化的过程。

第二层,讲明确目标后"修身"的具体过程:定、静、安、虑、得。这每一个字都值得体味。你若仔细琢磨一下,肯定能从这六个字获得很多启发。

第三层，从本末先后的关系上说明怎样接近"大学之道"。如果体会到心不妄动，所处而安，处事周详，得其所止，那么对自我生命境界的提升肯定很有益。

以上例子，大致示范了"琢磨"的基本方法——揣摩关键概念，推敲层次关系，联系实际印证等。读者可再从书中摘选几段，自行琢磨。

四、摘录批注。摘抄一些至今被反复引用的经典名句，反复记诵，尝试写几句读后感。

比如：

> 博学之，审问之，慎思之，明辨之，笃行之。"（《中庸》）

学、问、思、辨、行，是个完整顺序，环环相扣。每一环需要采取什么态度？达到什么境地？很值得深思。所谓"知行合一"，不仅要在思想上"止于至善"，而且要在行为上落到实处。这里"笃行"在最后，说明若不学、问、思、辨，那么笃行的价值便很有限；而若不肯"笃行"，那么学、问、思、辨的价值同样也很有限。这么写几句，就是"读后感"。

又如：

好学近乎知,力行近乎仁,知耻近乎勇。(《中庸》)

正己而不求于人,则无怨。上不怨天,下不怨人。(《中庸》)

凡事豫则立,不豫则废。(《中庸》)

苟日新,日日新,又日新。(《大学》)

虽有嘉肴,弗食,不知其旨也;虽有至道,弗学,不知其善也。是故学然后知不足,教然后知困。知不足,然后能自反也;知困,然后能自强也。(《学记》)

……

阅读本书,如能摘录二十条,不时拿出来看看,有所领悟,便做点批注,累积下来,会很有收获。

不管是"琢磨",还是写读后感,都离不开"审辨",即联系现实有所思考追问。比如《礼运》中讲"小康",这与今天我们所讲的"小康"有哪些不同?又如《大学》几乎把自我修养视为治国安邦的全部内容,对不对?如果没有经济的充分发展,能治国安邦么?我们立足于全面提升自己的思想修养,就要在阅读中对某些问题进行些必要的追问。

阅读《礼记》,你可能会觉得古人的生活太过死板烦琐,规矩太多。可是随着阅读的深入,你可能又会有些不一样的想法。礼越多、越具体,也意味着人对自我欲求的节制越严格。对自我欲求的节制,在生活水平极大提高的今天,难道

新编导言

不重要吗?

黄侃先生说"盖今之学三礼,决非为复冕弁之服,鼎俎之设",而在于"明民族文化之发展"。[①] 我们读《礼记》,不仅可以管窥过去时代的文化特征,更在于能使礼乐文化和礼制精神为当世所用。

---

① 钱玄:《记蕲春黄先生讲三礼》,载程千帆、唐文编《量守庐学记:黄侃的生平和学术》,生活·读书·新知三联书店,2006年,第137页。

原书绪言

汉儒对于古书的分类,以《诗》《书》《礼》《乐》《易》《春秋》为"六艺",也称"六经"。这里所谓《礼》,是指现在十七篇的《仪礼》而言。《仪礼》各篇附着解释经文的记,专主经说,称为《礼经》;连着记说,便称《礼记》。到后来《礼记》这名称被这一部四十九篇的记夺了去,于是改称十七篇的《礼经》为《仪礼》。两部书又合上《周官经》(《周礼》),称为"三礼"。这是因为郑玄兼注这三部书的缘故。

现在这一部四十九篇的《礼记》,实在只有四十六篇。中间《曲礼》《檀弓》《杂记》三篇,因为简策繁多,各分为上、下两篇,故有四十九篇之数。这部书传自戴圣。考汉初学者说《礼》的,以高堂生为最著。他所传授诵说的是《仪礼》。其学数传至后仓。后仓传弟子戴德、戴圣、庆普。汉立十四博士,《礼》大、小戴。所谓"立博士",乃是在大学里专设一科,以专门的博士担任教授。所以戴德、戴圣两人所受于后仓的《仪礼》，当时是钦定的学科。他俩自己又各传关于《礼》的传记：戴德传记八十五篇，称为《大戴礼记》；戴圣传记四十九篇，称为《小戴礼记》。郑玄注《小戴记》，没有注《大戴记》。影响所及，《大戴记》渐至亡佚，到《隋书·经籍志》著录的时候，已经佚去四十七篇之多。而《小戴记》因为通行的缘故，不再需用"小戴"两字作形容附加语，径夺"礼记"这名词作为它专有的名词。

我们试看《仪礼》十七篇，讲的都是处世接物、慎终追远的仪文，冠礼是怎么样子的，昏礼是怎么样子的，……差不多一举一动，一顾一盼，都有规定。这些是古代一切社会习惯风俗所承认的行为的规矩。碰到儒家的人生哲学是伦理的，其根本观念只是"君君，臣臣，父父，子子，夫夫，妇妇"。他们觉得那些仪文可以养成伦理的习惯，习惯既成，各人处各人的地位，尽各人当尽之道，家庭、社会、国家便都太平了。所以儒家非常看重这些礼。从前人说《仪礼》是周公所作，也有人说孔子所定，两说同样地没有确据。但孔子曾做过编理古书的工夫，《仪礼》经过了他的手然后遗传下来，当是事实。他所以看重它，正因为他以为它是为人处世很要紧的东西。他说："立于礼。"又说："不学礼，无以立。"都可以看出他的意思。

到孔子的弟子，如子夏、子游、曾子一辈人，以及数传的门徒，他们根据了孔子重礼的观念，更益讲求得繁细，发挥得广博。如《檀弓》里边有一则记曾子袭裘而吊,子游裼裘而吊,两个人为了一点小节,就争论起来。可见他们看重仪文,达到极点,虽是极细微的节目,也不肯轻轻放过。又如《冠义》《昏义》等篇,是伸论仪文的意义的;《礼器》《经解》等篇,是讨究礼的原理。本来只有十七篇的作法,他们的伸论同讨究,却绵密到极点,博大到极点,见得虽是一举一动、一顾一盼之微,无不与复性节情、治国平天下有重要的关系。所有这类的纪事和讲义,崇礼的儒者自然口笔相传,保留下来。这就是戴德、戴圣等结集成书的来源。

至此,可以晓得《礼记》的许多篇,不是一人的手笔。它们的著作年代,并不一致,或当战国,或当西汉。当结集成书的时候,又不曾有什么归类分属的意识支配其间。所以各篇所称说,往往不相应合,而全书的次第也觉历乱。如其要就各篇内容分类,很难得正确的标准。现在略举纲要,姑分为以下各类:

一 关于仪文的。其中又可分为两部:(甲)关于日常生活的仪节的,大部是记的孔门及时人杂事及此类的格言;(乙)关于特殊事件的仪节的解释。

二 关于器物的制度的。

三 通论礼乐的。

四 政治制度谈。

五 哲理谈。

礼记

关于一、二两类,大多是说什么仪节是怎样的,什么器物是怎样的。而所以这样,不成那样,记者每说明中间的道理。譬如说:

> 昏礼纳采、问名、纳吉、纳征、请期,皆主人筵几于庙,而拜迎于门外,入,揖让而升,听命于庙。

为什么要这样呢?记者说明道:

> 所以敬慎重正昏礼也。

又如既记深衣的制度,应乎规矩绳准,记者又说明所以然之故道:

> 故规者,行举手以为容。负绳抱方者,以直其政、方其义也。故《易》曰:《坤》"六二之动,直以方也"。下齐如权衡者,以安志而平心也。五法已施,故圣人服之。故规矩取其无私,绳取其直,权衡取其平,故先王贵之。

大概从一、二两类里,我们可以窥见不少的古代社会的生活状况和制度文物。(虽然中间也有并非普遍而是偶然的,甚至还有并非实有而是出于记者想象的。)然而记者的说明,却不一定就是这些仪节所以形成、这些器物所以创制的本意。就像上面所举关于昏礼的话,我们能够断言于"敬慎重正昏礼"之外,不另有野蛮风习的遗传的原因么?又像深衣的制作,照记者的说明那样讲,就差不多编一个"修身纲要",谁能相信当初制深衣的那个人曾经转个这么弯曲的心思!所以逢到这等地方,应该分别看清,那些是说的原本的意义,那些是记者戴着儒家的眼镜解释出来的。这样,一可以见古代社会生活状况和制度文物的真相,二可以见儒家对于实际生活和制度文物的理想的真相,自能得不少的益处。

儒家既认定礼的仪文可以养成伦理的习惯,因而推想,天下虽大,人众虽繁,但个人对于一切人无不有伦理的关系,只要抓住了这个礼,什么问题都解决了。所以就把礼看成治天下的法宝。《坊记》里说:

> 礼者,因人之情而为之节文,以为民坊者也。

《礼运》里说:

> 礼者,君之大柄也。所以别嫌明微,傧鬼神,考制度,别仁义,所以治政安君也。

照这样说,礼的意义就扩大得非常广阔了,风俗习惯、制度文物以外，更包含着政治法律教育的性质。于是礼的作用，除了养成伦理习惯，对于人的内部，又能节制那个"情"，使涵养成美善的品性；对于国家社会，又能造成一种道德的空气，使种种奸邪无从发生。如前边的分类，第三类的文篇是通论礼乐的，大部分是论到广义的礼以及礼的各项作用。至于"乐"同"礼"往往并举，则因为乐也是涵养品性的主要工具，与礼一样地重要。换个说法，乐就是广义的礼，也未尝不可以。

因为礼的广义含有政治法律的性质，所以《礼记》里有第四类的文篇，所谓"政治制度谈"。这一类可举《王制》一篇作代表。这一篇的来历，《正义》引卢植说："汉孝文皇帝令博士诸生作此《王制》之书。"但经陈寿祺辨正，以为卢说出于《史记·封禅书》，据《封禅书》，文帝时所作《王制》，乃是关于巡守封禅等事情的，现在《王制》中没一句及到封禅，说巡守的只有一端，可见二者只是名目偶同，并不是一篇东西。俞樾说：

> 《王制》者，孔氏之遗书，七十子后学者所记也。王者孰谓？谓素王也。孔子将作《春秋》，先修王法，斟酌损益，具有规条。门弟子与闻绪论，私相纂辑而成此篇。

"王"是否指素王，实在不能断言。《王制》是否由孔子"先修王法"而定下来的，也难以说定。但说是所谓"七十子后学者"的儒家所记,而所记不定是某代的制度,乃是依据他们所见所闻,更加上主观的"斟酌损益"而写下来的。(换一句说,他们"托古改制",给人家看王者的政制是这样的。)这意思应该可信无疑。其他关于政治制度的文篇,也当作如是观,看作属于儒家的论述和主张。

第五类是所谓"哲理谈"。大概正心诚意的研究,目的在乎成就个完美的人格,与礼的广义相合,而且这些也是儒家言,所以《礼记》里包含有"哲理谈"一类。这一类可举《大学》《中庸》两篇来代表。《大学》不知何人所作,《中庸》朱熹以为子思作之以授孟子,但也没凭据。总之无非是战国末儒者的记录和撰作。胡适作《中国哲学史大纲》,说这两篇的要点约有三端:第一是"方法",第二是"个人之注重",第三是"心理的研究"。方法明白,修习和研究就都有条贯。注重个人,则把修身作一切的根本,种种工夫都是为的修身,种种事为都是修身的效果。研究心理,则是从外面的礼乐仪节转移到内面的心和意上去了,要研究个怎样才能正心,怎样才能诚意。这三个要点,实是儒家思想一大开拓,从实际的伦常主义开拓到心理的人生哲学。后来宋儒治学,觉得这两篇最合脾胃,所以非常看重。程颐首先把它们从《礼记》里抽出来特别提倡,朱熹又把它们同《论语》《孟子》合起来,创为"四子书"之说,于是《大学》《中庸》成为人人诵习的篇章了。现在试看宋儒讨究论辨的语录,"格物"同"尊德性""道问学"等语,常常是他们的题材。因此,这两篇在哲学史上极有价值。

我们现在所选的差不多都属于第三、四、五类。我们以为要看第一、二类关于仪文方面的记载和讲义,就该同《仪礼》合起来看,所以少有采入。从第三、四、五类里,可见儒家对于礼的各面相。《礼记》之所以为儒家言的要典,为后人应该读的书籍,可以说因为含有尤其重要的这一部分——第三、四、五类。我们想到这是影响我们民族的实际生活的,是范铸我们民族的思想精神的,不但在过去的时代,就是在现时,在将来,总脱不掉它好或坏的关涉,该发生多少珍重的意思呵!

《礼记》既不出一手,各篇中又往往驳杂不伦,所以后人有分类改编的。郑君门人孙炎有《类钞》,唐魏征因之而作《类礼》。唐《元行冲传》:

> (开元中)魏光乘请用魏征《类礼》列于经,帝命行冲与诸儒集义作疏,将立之学。乃……采获刊缀,为五十篇。……张说建言:"戴圣所录,向已千载,与经并立,不可罢。魏孙炎始因旧书,擿类相比,有如钞掇,诸儒共非之。至征更加整次,乃为训注,恐不可用。"帝然之,书留中不出。

于是就没有流传下来。元吴澄作《礼记纂言》,也是更易次序,以类相从的。大概要读《礼记》,最好是采用这个方法。如其

原书绪言

依着前面所分的略类,把同类的各篇并看,就有了个宽宽的范围。再从里头提出细目来研究,如把说礼的意义的各条归在一起,看究竟包含多少层次,把关于某项制度的各条归在一起,看那些是实有的事实,那些是儒者"斟酌损益"过了的主张。这样,自能得正确的了解。又,如其于古代的社会情况能够认识得清楚,不带尊崇或鄙薄的感情,于新生的社会学、民俗学等又能够有所了知,去读《礼记》时,当能于从前人的许多疏解以外,得到新鲜的发见。因为这一条路是新的,从前人不曾走过。

注释《礼记》的书,郑玄以后很多。自从唐孔颖达等的《正义》采取郑注,于是郑注盛行而他家的书渐渐散亡。宋卫湜采郑注以下及宋人凡一百四十四家之说,作《集说》一百六十卷。元陈澔也有《集说》,比较简略。明初制定《礼记》用陈注,就成为学者必读的书。清杭世骏继续卫书,作《续礼记集说》。陆元辅作《陈氏集说补正》,订补陈澔的阙失。王夫之作《礼记章句》,朱彬作《礼记训纂》,孙希旦作《礼记集解》,郑元庆作《礼记集说》。其他就单篇下工夫的,也非常繁多。如欲求简约扼要,以参阅郑注孔疏为是。关于通论《礼记》的著作,如其看皮锡瑞《经学通论》中关于《礼记》的各篇,也就可以。在他的著作中,虽然今文家的色彩十分浓厚,但我们如记着这一点,不为所蔽,则其中许多融通的解释和敏锐的见解,可以给我们不少的启发。

王制①

　　王者之制禄爵，公、侯、伯、子、男，凡五等。诸侯之上大夫卿、下大夫、上士、中士、下士，凡五等。

　　天子之田方千里，公、侯田方百里，伯七十里，子、男五十里。不能五十里者，不合②于天子，附于诸侯，曰"附庸"。

　　天子之三公之田视公、侯，天子之卿视伯，天子之大夫视子、男，天子之元士③视附庸。

---

① 此篇记载古代政制，凡封建、任官、理财、兴学、养老、明刑诸大端，无所不具。记者得自传习，间参己意，斟酌其间，故不可断言为某代之制。以为王者治天下之制如是，故曰《王制》。
② 不合，不朝会。
③ 元士，天子之上士。

制：农田百亩。①百亩之分，上农夫食九人，其次食八人，其次食七人，其次食六人，下农夫食五人。②庶人在官者，其禄以是为差也。③

诸侯之下士视上农夫，禄足以代其耕也。中士倍下士，上士倍中士，下大夫倍上士，卿四大夫禄，君十卿禄。次国之卿三大夫禄，君十卿禄。小国之卿倍大夫禄，君十卿禄。

次国之上卿，位当大国之中，中当其下，下当其上大夫。小国之上卿，位当大国之下卿，中当其上大夫，下当其下大夫。其有中士、下士者，数各居其上之三分。④

凡四海之内九州，州方千里。州建百里之国三十，七十里之国六十，五十里之国百有二十，凡二百一十国。名山大泽不以封。⑤其余以为附庸、闲

---

① 言农田之制，以百亩为之率。
② 所受之田虽均，而地有肥硗之异，所食人数因之有多寡，而"上农夫""下农夫"亦据此以分。
③ 庶人在官者，言府史之属，官长所除，不命于天子、国君者。以是为差，言视上、中、下农夫以为差等。
④ 中士、下士不常置，故言"其有"，言制禄之数各居其上一等之三分之一。
⑤ 不以封，不以封国。

田。① 八州，州二百一十国。

天子之县内，②方百里之国九，七十里之国二十有一，五十里之国六十有三，凡九十三国。名山大泽不以盼。③ 其余以禄士，④ 以为闲田。

凡九州，千七百七十三国。天子之元士、诸侯之附庸不与。

天子百里之内以共官，千里之内以为御。⑤

千里之外设方伯。五国以为属，属有长；十国以为连，连有帅；三十国以为卒，卒有正；⑥ 二百一十国以为州，州有伯。八州八伯，五十六正，百六十八帅，三百三十六长。八伯各以其属，属于天子之老二人，分天下以为左右，曰二伯。

---

① 言余地若以封人，则使附于大国，谓之"附庸"，否则谓之"闲田"。
② 县内，言王畿之内，天子所居之一州。
③ 盼，通"颁"，颁赐。言名山大泽不以颁赐臣下。
④ 言以为元士之采邑。
⑤ 共，通"供"，供给。官，一切公用。御，包天子所服用而言。言一切公用取给于百里之内，天子所服用取给于千里之内。
⑥ 属，言其系属。连，言其连接。卒，言其卒伍。帅、正，亦长。校订者按：属、连、卒，皆为古代行政区划的名称；长、帅、正，皆为古代诸侯之长的名称。

千里之内曰甸。① 千里之外曰采，曰流。② 天子三公、九卿、二十七大夫、八十一元士。大国三卿，皆命于天子，下大夫五人，上士二十七人。次国三卿，二卿命于天子，一卿命于其君，下大夫五人，上士二十七人。小国二卿，皆命于其君，下大夫五人，上士二十七人。

天子使其大夫为三监，③ 监于方伯之国，国三人。

天子之县内诸侯，禄也；外诸侯，嗣也。④

制：三公一命卷，⑤ 若有加则赐也，不过九命；⑥ 次国之君不过七命；小国之君不过五命。

大国之卿不过三命，下卿再命。小国之卿与下大夫一命。

---

① 甸，所谓甸服，服治田，出谷税。
② 采，言但采取其美物以当谷税。流，言其地人性流移，或贡或不贡无定。
③ 监，监领，监察。以其为三人，故曰"三监"。
④ 言内诸侯得禄而已，不得继世，外诸侯则父死嗣位，世世相承。
⑤ 卷，通"衮"，古代天子或上公所穿的绣有龙纹的礼服。言三公本八命，若复加一命，则服龙衮。
⑥ 言若有加此者，则出于特赐，常制不过九命。

王制

凡官民材，必先论之，论辨然后使之，①任事然后爵之，②位定③然后禄之。

爵人于朝，与士共之。刑人于市，与众弃之。是故公家不畜刑人，大夫弗养，士遇之涂，弗与言也。屏之四方，唯其所之，不及以政，④亦弗故生也。⑤

诸侯之于天子也，比年⑥一小聘，三年一大聘，五年一朝。

天子五年一巡守。⑦岁二月，东巡守，至于岱宗，柴而望祀山川，⑧觐诸侯，问百年者就见之。命大师⑨陈诗，以观民风。命市纳贾，⑩以观民之所好

---

① 官民材，言就民材而用之。论，言考其德行道艺。辨，言明确定当。
② 爵之，言正其秩次。
③ 位定，言其材确称其位。
④ 政，役赋之政。言役赋均不之及，不以常民待之。
⑤ 亦，为"示"字之误。故，言有意。弗故生，言听其自生自死，无意于生之。校订者按，王引之《经义述闻》："故当为欲，谓不欲生之也。"
⑥ 比年，每岁。
⑦ 巡守，言诸侯为天子守土，天子时一巡省之。
⑧ 岱宗，东岳泰山。泰山为五岳之首，为诸山所宗，故称。在今山东省泰安市。柴，燔柴以祭上天。望，望而祭山川。
⑨ 大师，掌乐之官。
⑩ 市，典市之官。贾，jià，通"价"，价格。纳贾，言进纳物价之目。

恶，志淫好辟。① 命典礼考时月，定日，同律、礼乐、制度、衣服，正之。② 山川神祇有不举③者为不敬，不敬者君削以地。宗庙有不顺④者为不孝，不孝者君绌⑤以爵。变礼易乐者为不从，不从者君流。⑥ 革制度衣服者为畔，畔者君讨。⑦ 有功德于民者，加地进律。⑧ 五月，南巡守，至于南岳，⑨ 如东巡守之礼。八月，西巡守，至于西岳，⑩ 如南巡守之礼。十有一月，北巡守，至于北岳，⑪ 如西巡守之礼。归假于祖祢，用特。⑫

天子将出，类乎上帝，宜乎社，造乎祢。诸侯

---

① 言民志若淫贪，则爱好邪僻之物。
② 典礼，掌礼之官。同，校而订正之。
③ 不举，言不举祭祀之礼。
④ 不顺，言若逆昭穆之类。
⑤ 绌，通"黜"，废除，贬退。
⑥ 流，见放。
⑦ 讨，见伐。
⑧ 进律，言加其爵命之等。一说，言为乐以赏其有德。
⑨ 南岳，衡山。五岳之一，在今湖南省衡阳市。
⑩ 西岳，华山。五岳之一，在今陕西省渭南市华阴市。
⑪ 北岳，恒山。五岳之一，在今山西省大同市。
⑫ 假，gé，通"格"，至。祢，父死入庙之称。特，一牛。

将出，宜乎社，造乎祢。①

天子无事与诸侯相见，曰朝。考礼、正刑、一德，以尊于天子。②天子赐诸侯乐，则以柷将之；赐伯、子、男乐，则以鼗将之。③诸侯赐弓矢，然后征；赐铁钺，然后杀；④赐圭瓒，然后为鬯。未赐圭瓒，则资鬯于天子。⑤

天子命之教，然后为学。小学在公宫南之左，大学在郊。天子曰"辟廱"，诸侯曰"頖宫"。⑥

天子将出征，类乎上帝，宜乎社，造乎祢，祃⑦

---

① 类、宜、造，皆祭名。
② 尊于天子，言尊崇天子。
③ 柷，zhù，乐器，状如漆桶，中有椎，将作乐，先击之。鼗，táo，乐器，如鼓，长柄，旁有耳，摇之使自击。将，言执以致命。
④ 言得弓矢之赐，方得专征伐；得铁钺之赐，方得专讨戮。
⑤ 圭瓒，鬯爵，形如勺，以圭为之柄。鬯，秬酒，祭祀用之。为鬯，自造鬯。资，求取。
⑥ 辟廱，亦作"辟雍""辟雝""璧廱"。頖宫，亦作"泮宫"。校订者按：辟，通"璧"。辟雍是周王朝为贵族子弟所设立的大学。取四周有水环绕，形如璧环为名。泮宫是周代诸侯所设立的大学。因东西两门以南有水，以北无水，即仅有南半边有水环绕，故称。
⑦ 祃，mà，马上祭。校订者按：祃，祭祀名。古代军队行军至驻扎之处设祭祭神曰祃。

于所征之地，受命于祖，①受成②于学。出征执有罪，反，释奠于学，以讯馘告。③

天子、诸侯无事，则岁三田：④一为干豆，⑤二为宾客，三为充君之庖。无事而不田曰不敬，田不以礼曰暴天物。天子不合围，诸侯不掩群。⑥天子杀则下大绥，诸侯杀则下小绥，⑦大夫杀则止佐车，⑧佐车止则百姓田猎。獭祭鱼，然后虞人入泽梁。⑨豺祭兽，⑩然后田猎。鸠化为鹰，然后设罻罗。⑪草木零

---

① 言告于祖，以为出征盖禀承祖命。
② 受成，言规划兵谋而有成，然后受之而进行。
③ 释奠，释置采币而奠安于神位之前。讯，生致之而问其罪。馘，guó，杀而献其左耳。告，告成功。
④ 言无丧荒之事，则每岁为下之三事而田猎。
⑤ 言干之以为豆实。
⑥ 合围，合薮泽而围之。掩群，掩禽兽之群而擒之。
⑦ 杀，猎止之时。绥，旌旗。大、小，名称之异，天子谓之大绥，诸侯谓之小绥。
⑧ 佐车，驱逆之车。
⑨ 獭祭鱼，言獭捕鱼而陈之，如人陈物而祭。《月令》言正月獭祭鱼。虞人，掌山泽之官。
⑩ 《月令》言九月豺祭兽，《夏小正》言十月豺祭兽，盖九、十月之间。
⑪ 鸠化为鹰，言八月时。古人观物不审，某时少见彼而多见此，辄谓此为彼之形化。罻，wèi，小网。

落,① 然后入山林。昆虫未蛰,② 不以火田。不麑,不卵,③ 不杀胎,不殀夭,④ 不覆巢。

冢宰制⑤国用,必于岁之杪。五谷皆入,然后制国用。用地小大,视年之丰耗,以三十年之通制国用,⑥ 量入以为出。祭用数之仂。⑦ 丧,三年不祭,唯祭天地社稷,为越绋而行事。⑧ 丧用三年之仂。⑨ 丧、祭,用不足曰暴,有余曰浩。⑩ 祭,丰年不奢,凶年不俭。国无九年之蓄,曰不足;无六年之蓄,曰急;无三年之蓄,曰国非其国也。三年耕,必有一年之食;九年耕,必有三年之食。⑪

---

① 草木零落,言十月时。
② 昆虫未蛰,言未及十月时。
③ 麑,mí,初生之兽。言不取麑、不取卵。
④ 殀,断杀。夭,幼稚之物。
⑤ 制,制定其多少之数。
⑥ 言因地之小大与收获多寡之比,以知年之丰耗,又通计三十年之需以制国用。
⑦ 仂,lè。一数以四分之,于四分之前,先取出一分,此一分即数之仂。言祭祀不入经用,别有先取出一项。
⑧ 越,逾越。绋,fú,引棺索。言逾越其绋而往祭。
⑨ 言通计三年之仂数,以供丧用。
⑩ 言所以不足,必逾礼越中,残暴其物,有以致之;所以有余,必俭不中礼,苟省其财,有以致之。浩,言财有余。
⑪ 言必有余供积贮。

以三十年之通,① 虽有凶旱水溢,民无菜色,然后天子食,日举以乐。②

天子七日而殡,七月而葬。诸侯五日而殡,五月而葬。大夫、士、庶人三日而殡,三月而葬。三年之丧,自天子达。③ 庶人县封,④ 葬不为雨止,不封不树。⑤ 丧不贰事,⑥ 自天子达于庶人。丧从死者,祭从生者。⑦ 支子⑧不祭。

天子七庙,三昭三穆,与大祖之庙而七。诸侯五庙,二昭二穆,与大祖之庙而五。大夫三庙,一昭一穆,与大祖之庙而三。士一庙。庶人祭于寝。⑨

---

① 言通三十年之所贮。
② 举,杀牲盛馔。以乐,言以乐侑食。
③ 言自天子下通于庶人。
④ 县封,言不得引绋下棺,唯以绳悬棺而下,封土而窆之。校订者按,郑玄云:"县封,当为'县窆'。'县窆'者,至卑不得引绋下棺。"县,xuán,通"悬"。封,当作"窆"。悬窆,悬绳下棺入圹。
⑤ 言不封土隆起为丘垅,又不植之树。
⑥ 不贰事,言专于哀慕。
⑦ 从,言从其等级之礼。《中庸》曰:"父为大夫,子为士,葬以大夫,祭以士;父为士,子为大夫,葬以士,祭以大夫。"即此义。
⑧ 支子,庶子。
⑨ 庶人无庙,故祭于寝。

王制

天子、诸侯宗庙之祭,春曰"礿",① 夏曰"禘",秋曰"尝",冬曰"烝"。

天子祭天地,诸侯祭社稷,大夫祭五祀。② 天子祭天下名山大川,五岳视三公,四渎视诸侯。③ 诸侯祭名山大川之在其地者。天子、诸侯祭因国之在其地而无主后者。④

天子犆礿,祫禘,祫尝,祫烝。⑤ 诸侯礿则不禘,禘则不尝,尝则不烝,烝则不礿。⑥ 诸侯礿犆,禘一犆一祫,⑦ 尝祫,烝祫。

天子社稷皆大牢。诸侯社稷皆少牢。⑧ 大夫、士宗庙之祭,有田则祭,无田则荐。⑨ 庶人春荐韭,夏

---

① 礿,yuè,祭名。校订者按,郑玄云:"此盖夏、殷之祭名。周则改之,春曰祠,夏曰礿。"由此可知,夏、商两代称春祭曰礿,周代称夏祭曰礿。
② 五祀,户、灶、中霤、门、行。
③ 此言视,见祭礼有隆杀轻重之差。
④ 因国,言所都所封,因仍古国之地。主后,后世为之祭主者。
⑤ 犆,tè,通"特",一,独。祫,合。言春礿为犆,各于其庙祀之;夏禘、秋尝、冬烝,则皆合祭。
⑥ 言诸侯一岁中只行三祭。
⑦ 言一年犆、一年祫。
⑧ 此言祭社稷所用牲。大牢,牛、羊、豕三牲具。少牢,羊、豕。
⑨ 荐,时节供时物而祭。

荐麦，秋荐黍，冬荐稻。韭以卵，麦以鱼，黍以豚，稻以雁。^① 祭天地之牛，角茧栗；宗庙之牛，角握；宾客之牛，角尺。^② 诸侯无故不杀牛，大夫无故不杀羊，士无故不杀犬豕，庶人无故不食珍。庶羞不逾牲。燕衣不逾祭服。寝不逾庙。^③

古者公田藉^④而不税，市廛^⑤而不税，关讥而不征，^⑥林麓川泽以时入而不禁。夫圭田^⑦无征。用民之力，岁不过三日。田里不粥，墓地不请。^⑧

司空执度度地，^⑨居民山川沮泽，^⑩时四时，^⑪量

---

① 言荐时物并有相宜之动物配之。
② 角茧栗，角如蚕茧，如栗实，言牛犊。角握，言角才可握，亦小牛。角尺，则其角盈尺之大牛。
③ 庶羞，常馔。不逾，言不过。牲，祭时所陈。燕衣，燕居时所服。寝，安息之所。
④ 藉，借。言借民力使治公田。
⑤ 廛，chán，公家邸舍。使商人停物于中，税其舍，不税其物。
⑥ 讥，伺察稽查。征，税。
⑦ 圭田，卿大夫之田。
⑧ 田里，受之于公者。粥，通"鬻"，卖。墓地，亦给自公家者。请，言以己意求之。
⑨ 司空，掌邦事者。上"度"，丈尺。下"度"，duó，量。
⑩ 言居处其民于山川高下、沮泽浸润之处。
⑪ 上"时"，候。言候四时之天气。

地远近，兴事任力。① 凡使民，任老者之事，食壮者之食。②

凡居民材，③必因天地寒暖燥湿。广谷大川异制，民生其间者异俗，刚柔、轻重、迟速异齐，④五味异和，器械异制，衣服异宜。修其教，不易其俗；齐其政，不易其宜。

中国戎夷五方之民，皆有其性也，不可推移。东方曰"夷"，被发文身，有不火食者矣。南方曰"蛮"，雕题交趾，⑤有不火食者矣。西方曰"戎"，被发衣皮，有不粒食者矣。⑥北方曰"狄"，衣羽毛，穴居，有不粒食者矣。中国、夷、蛮、戎、狄，皆有安居、和味、宜服、利用、备器。五方之民，言语不通，嗜欲不同。达其志，通其欲，东方曰"寄"，南方曰"象"，西方曰"狄鞮"，北

---

① 言兴役事，任民力。
② 言不役老者，使壮者代任其事，但仍给壮者之食。
③ 言就民之材性而为之制居。
④ 言材质性情不等。
⑤ 雕，刻。题，额。言以丹青雕刻其额。交趾，言蛮卧时头向外而足在内相交。
⑥ 不粒食，以地气寒，少五谷。

方曰"译"。①

凡居民，量地以制邑，度地以居民。地、邑、民居，必参相得也。② 无旷土，无游民，食节事时，③ 民咸安其居，乐事劝功，④ 尊君亲上，然后兴学。

司徒⑤修六礼以节民性，明七教以兴民德，齐八政以防淫，⑥ 一道德以同俗，养耆老以致孝，恤孤独以逮不足，⑦ 上贤以崇德，简不肖以绌恶。⑧

命乡简不帅教者以告，⑨ 耆老皆朝于庠，⑩ 元日，习射上功，习乡上齿，⑪ 大司徒帅国之俊士与执事焉。不变，⑫ 命国之右乡简不帅教者移之左，命国之

---

① 寄、象、狄鞮、译，四者皆主通远人言语之官。
② 即下所称"无旷土，无游民"。
③ 言食得其节，事得其时。
④ 言乐悦事务，勉励立功。
⑤ 司徒，掌邦教者。
⑥ 六礼、七教、八政，均见篇末。
⑦ 逮，及。言以恩惠逮及不足者。
⑧ 简，差择。绌，通"黜"，摈弃，除退。
⑨ 帅，通"率"，循。言命畿内六卿简其不循教者以告。
⑩ 朝，犹会。庠，乡学。
⑪ 射，射礼。上功，言中者在上。乡，乡饮酒礼。上齿，言老者在上。行此皆所以感化不帅教者。
⑫ 言不帅教依然，无所迁变。

王制

左乡简不帅教者移之右,如初礼。不变,移之郊,如初礼。不变,移之遂,① 如初礼。不变,屏之远方,终身不齿。

命乡论秀士,升之司徒,曰"选士"。② 司徒论选士之秀者而升之学,曰"俊士"。③ 升于司徒者不征于乡,升于学者不征于司徒,曰"造士"。④

乐正崇四术,立四教,⑤ 顺先王《诗》《书》《礼》《乐》以造士。春秋教以《礼》《乐》,冬夏教以《诗》《书》。王大子、王子、群后之大子,⑥ 卿、大夫、元士之嫡子,国之俊选,皆造焉。⑦ 凡入学以齿。⑧

---

① 遂,远郊之外。
② 论,论量考校。秀士,言其秀于一乡。升之司徒,言移名于司徒。选士,言其备选择。
③ 学,太学。俊士,言其俊美可用。
④ 不征,不服徭役。造士,言其备造就德业。
⑤ 乐正,乐官之长。四术、四教,皆言《诗》《书》《礼》《乐》。以之为术则谓术,以之教人则谓教。
⑥ 王大子,王之嫡子。王子,王之庶子。群后之大子,公及诸侯之世子。
⑦ 皆造焉,言皆来受教。
⑧ 言不以尊卑而以齿。

将出学,小胥、大胥、①小乐正简不帅教者以告于大乐正,大乐正以告于王。王命三公、九卿、大夫、元士皆入学。不变,王亲视学。不变,王三日不举,②屏之远方,西方曰"棘",东方曰"寄",终身不齿。

大乐正论造士之秀者,以告于王,而升诸司马,曰"进士"。③

司马辨论官材,④论进士之贤者,以告于王,而定其论。⑤论定然后官之,任官然后爵之,位定然后禄之。

大夫废其事,⑥终身不仕,死以士礼葬之。

有发,则命大司徒教士以车甲。⑦

---

① 小胥、大胥,乐官之属。
② 不举,去食乐,重夫弃人之事。
③ 司马,掌邦政者。进士,言其可进受爵禄。
④ 言辨论之而以其材官之。
⑤ 论,评论。
⑥ 言废其所职之事。
⑦ 有发,言有军旅之事,发士卒。教士以车甲,言教之以乘兵车及衣甲之仪容。

王制

　　凡执技论力，①适四方，②裸股肱，决射御。③凡执技以事上者，祝、史、射、御、医、卜及百工。④凡执技以事上者，不贰事，不移官，⑤出乡不与士齿。⑥仕于家者，⑦出乡不与士齿。

　　司寇正刑明辟，以听狱讼，必三刺。⑧有旨无简，不听。⑨附⑩从轻，赦从重。凡制五刑，必即天论，⑪邮罚丽于事。⑫凡听五刑之讼，必原父子之亲，立君臣之义，以权之；⑬意论轻重之序，慎测浅深之量，以别

---

① 言执技者不论其德，特论其力而已。
② 言使之适四方。
③ 此皆以见其力之勇武。
④ 此言执技者之类。
⑤ 言使专一其事，常守其官。
⑥ 不与士齿，贱之。必出乡而后然者，以乡党尚齿。
⑦ 言执技为家臣者。
⑧ 司寇，掌刑者。辟，罪。刺，讯。三刺，讯群臣，讯群吏，讯万民。
⑨ 有旨，有犯罪之意。简，古者刑辟书于其上。无简，言无犯罪之实。不听，言不听其狱而施之刑。
⑩ 附，施刑。
⑪ 五刑，墨、刖、劓、宫、大辟。论，通"伦"，理。言判定五刑之时，必合于天理。
⑫ 邮，通"尤"，过。丽，附。言过人罚人必附丽于所犯之事实。
⑬ 父子之亲、君臣之义，皆举其至重者言之。权，平。言听讼时当斟酌情义，平量而得其至当。

之;① 悉其聪明，致其忠爱，以尽之。② 疑狱，泛与众共之。③ 众疑，④ 赦之。必察小大之比以成之。⑤

成狱辞，史以狱成告于正，⑥ 正听之。正以狱成告于大司寇，大司寇听之棘木之下。⑦ 大司寇以狱之成告于王，王命三公参听之。三公以狱之成告于王，王三又，⑧ 然后制刑。凡作刑罚，轻无赦。⑨ 刑者，侀⑩也。侀者，成也。一成而不可变，故君子尽心焉。

析言破律，乱名改作，执左道以乱政，杀。⑪ 作淫声、异服、奇技、奇器以疑众，杀。行伪而坚，言

---

① 言以意念论量其轻重浅深而辨别之。
② 尽之，尽其情。此极言听讼者宜审慎周详。
③ 泛，广。言遇可疑不能断之狱，则与众庶共论决之。
④ 众疑，言众庶亦疑不能决。
⑤ 比，已行故事，所谓比例成案。成，定谳。言无可疑之狱，亦必稽考轻重之成例而后定谳。
⑥ 狱辞，判定之辞。史，掌书官。正，狱正。
⑦ 王之外朝左九棘，右九棘。棘木之下，言外朝。
⑧ 又，通"宥"，宽恕。言务欲求其有可宽宥处。
⑨ 言确有情实，则虽轻不赦。
⑩ 侀，xíng，通"形"，成。
⑪ 析言破律，言强为辨析诡巧之言以坏法纪。乱名改作，言淆乱常名而有所创新。左道，言不正之道。

伪而辩,① 学非而博,顺非而泽,② 以疑众,杀。假于鬼神、时日、卜筮以疑众,杀。此四诛者,不以听。③

凡执禁以齐众,不赦过。④ 有圭璧金璋,不粥于市。命服命车,不粥于市。宗庙之器,不粥于市。牺牲,不粥于市。戎器,不粥于市。⑤ 用器不中度,不粥于市。兵车不中度,不粥于市。布帛精粗不中数,幅广狭不中量,不粥于市。⑥ 奸色乱正色,不粥于市。锦文珠玉成器,不粥于市。⑦ 衣服饮食,不粥于市。⑧ 五谷不时,果实未孰,不粥于市。木不中伐,不粥于市。禽兽鱼鳖不中杀,不粥于市。⑨ 关执禁以讥,⑩ 禁异服,识异言。⑪

---

① 坚,言其执持深固。辩,言其难以攻陷。
② 非,违。博,言其所知广多。泽,言其文饰润泽。
③ 言不必听断,必诛无疑。
④ 言司市执禁令以齐众,有犯禁者,则不之赦。以下言所禁之事。
⑤ 粥,通"鬻",卖。圭璧、金璋至戎器,皆尊物,非民所宜有,故不得鬻于市。
⑥ 度、数、量,皆言定制。
⑦ 锦文珠玉以成其器,过于奢华,故不得鬻于市。
⑧ 此将使民各自为之。
⑨ 不中伐、不中杀,言伐之杀之不当其时。
⑩ 言关执禁令以稽察。
⑪ 言记识口为异言之人。

礼记

大史典礼,执简记,奉讳恶。^①天子齐戒受谏。

司会以岁之成质于天子,^②冢宰齐戒受质。^③大乐正、大司寇、市三官以其成从质于天子,^④大司徒、大司马、大司空齐戒受质。^⑤百官各以其成质于三官,大司徒、大司马、大司空以百官之成质于天子,百官齐戒受质。^⑥然后休老劳农,成岁事,制国用。^⑦

凡养老,有虞氏以燕礼,夏后氏以飨礼,殷人以食礼,^⑧周人修而兼用之。五十养于乡,六十养于国,七十养于学,^⑨达于诸侯。^⑩

---

① 简记,策书。奉讳恶,言天子所讳所恶,如危亡之言,大史则进之。
② 会,kuài。司会,冢宰之属,总主群官治要者。岁之成,群官一岁之成绩。质,质其是非而听其诛赏。
③ 言天子以其成降于冢宰,冢宰则斋戒受之。
④ 市,司市。言三官各以其成,从于司会,质于天子。
⑤ 言天子以其成降于大司徒、大司马、大司空,大司徒、大司马、大司空则斋戒受之。
⑥ 言天子平断毕,当须报于下,故百官斋戒以受之。
⑦ 言总计今岁之事,制定来岁之国用。
⑧ 燕礼以酒为主,而主于恩;飨礼以酒为主,而主于礼;食礼则以食为主。
⑨ 此言年弥高则养弥厚。养于乡,特尊于一乡而已。养于国,则尊于一国。更进而养于学,则又有师道焉。
⑩ 言此养老之事,非惟天子之法,乃通达于诸侯。

王制

　　八十拜君命，一坐再至，①瞽亦如之。九十使人受。②五十异粻，③六十宿肉，④七十贰膳，⑤八十常珍，⑥九十饮食不离寝，膳饮从于游可也。⑦六十岁制，七十时制，八十月制，九十日修，⑧唯绞、紟、衾、冒，⑨死而后制。五十始衰，六十非肉不饱，七十非帛不暖，八十非人不暖，九十虽得人不暖矣。五十杖于家，六十杖于乡，七十杖于国，八十杖于朝。九十者，天子欲有问焉，则就其室，以珍从。七十不俟朝，⑩八十月告存，⑪九十日有

---

① 坐，跪。至，以首至地。
② 言使人代受其命。
③ 粻，zhāng，粮。言异于少壮者之粮。
④ 言为预具肉，不使求之而不得。
⑤ 贰，副。言膳食必有储副，不使有阙。
⑥ 言常使有珍美之味。
⑦ 不离寝，言寝处之所恒有庋阁之饮食。从于游，言随其常游之处而为之具备。
⑧ 此言预为送终之具。岁制，言棺，以其不易遽成，故岁制。时制，言衣物之难得者，须经时而后可办。月制，言衣服易得者，一月而可办。日修，言日日修理已具之物。
⑨ 绞，敛尸所用束带。紟，jìn，单被。衾，被于敛衣之外者。冒，所以韬尸者。
⑩ 言揖君则退，不俟朝事毕。
⑪ 言君使人每月问存否，而老者告云存。

秩。① 五十不从力政，② 六十不与服戎，③ 七十不与宾客之事，八十齐丧之事弗及也。五十而爵，④ 六十不亲学，⑤ 七十致政，⑥ 唯衰麻为丧。⑦

有虞氏养国老于上庠，养庶老于下庠。夏后氏养国老于东序，养庶老于西序。殷人养国老于右学，养庶老于左学。周人养国老于东胶，养庶老于虞庠。虞庠在国之西郊。⑧

有虞氏皇而祭，深衣而养老。夏后氏收而祭，燕衣而养老。殷人冔而祭，缟衣而养老。周人冕而祭，玄衣而养老。⑨

---

① 秩，常。言日有常膳致之。
② 力政，力役之政。
③ 服戎，服兵戎之事。
④ 言受爵于朝。
⑤ 言不能备弟子礼。
⑥ 言不胜政事之劳。
⑦ 言或有死丧之事，惟备衰麻之服而已。
⑧ 国老，言卿大夫士之致仕者。庶老，言庶人在官者与庶人之老者。上庠、下庠等，皆学名，四代之学名各异。
⑨ 皇、收、冔、冕，四代祭祀之冠。以祭冠为养老之冠，重其礼。深衣制质朴，燕衣为燕居之服，时代在先，故不文。缟衣为朝服，玄衣为祭服，时代在后，故弥文。冔，xǔ。

王制

凡三王养老，皆引年。①

八十者，一子不从政。②九十者，其家不从政。废疾非人不养者，一人不从政。父母之丧，三年不从政。齐衰、大功之丧，三月不从政。将徙于诸侯，三月不从政。自诸侯来徙家，期不从政。③

少而无父者谓之孤，老而无子者谓之独，老而无妻者谓之矜，④老而无夫者谓之寡。此四者，天民之穷而无告者也，皆有常饩。⑤

瘖、聋、跛、躃、断者、侏儒，⑥百工各以其器食之。⑦

道路，男子由右，妇人由左，车从中央。父之齿随行，兄之齿雁行，朋友不相逾。⑧轻任并，重任

---

① 引年，言老者众多，非贤者不可皆养，故引户校年，选别而养之。一说，言许人子称引父母之年，免其从政，俾得终养。
② 不从政，言不从役。
③ 将徙于诸侯，言自畿内徙于外。自诸侯来徙家，言自外徙于畿内。迁徙最劳苦，故恤而免其役。
④ 矜，guān，通"鳏"，年老无妻之人。
⑤ 常饩，额定之廪给。
⑥ 躃，bì，两腿残疾。断者，言支节解绝者。侏儒，言容貌短小者。
⑦ 言百工各以其所成者供给残废者。一说，器，能。百工与残废者共为六项，各以其能供役，而后食廪饩。
⑧ 随行，从其后。雁行，差其次。不相逾，各以其年齿为先后之序。

分。① 班白者不提挈。君子耆老不徒行，庶人耆老不徒食。②

大夫祭器不假。祭器未成，不造燕器。③

方一里者，为田九百亩。方十里者，为方一里者百，为田九万亩。方百里者，为方十里者百，为田九十亿亩。方千里者，为方百里者百，为田九万亿亩。自恒山至于南河，千里而近。④ 自南河至于江，千里而近。自江至于衡山，千里而遥。⑤ 自东河至于东海，千里而遥。自东河至于西河，千里而近。自西河至于流沙，千里而遥。西不尽流沙，南不尽衡山，东不尽东海，北不尽恒山。⑥ 凡四海之内，断长补短，方三千里，为田八十万亿一万亿亩。方百里者，为田九十亿亩。山陵、林麓、川泽、沟渎、城郭、宫室、涂巷，三分去一，其余

---

① 任，负担。言老少俱轻任，则并与少者担之；老少俱重任，则分为轻重，少者担其重而老者担其轻。
② 君子，言士以上。徒行，无车而行。徒食，无肉而食。
③ 燕器，平时服用之器。
④ 千里而近，言不足千里。
⑤ 千里而遥，言过乎千里。
⑥ 不尽，言以上所云"至于"，仅及其地，非尽包其地。

六十亿亩。

古者以周尺八尺为步，今以周尺六尺四寸为步。古者百亩，当今东田①百四十六亩三十步。古者百里，当今百二十一里六十步四尺二寸二分。

方千里者，为方百里者百。封方百里者三十国，其余方百里者七十。又封方七十里者六十，为方百里者二十九，方十里者四十，其余方百里者四十，方十里者六十。又封方五十里者百二十，为方百里者三十，其余方百里者十，方十里者六十。名山大泽不以封。其余以为附庸闲田。诸侯之有功者，取于闲田以禄之。其有削地者，归之闲田。

天子之县内，方千里者，为方百里者百。封方百里者九，其余方百里者九十一。又封方七十里者二十一，为方百里者十，方十里者二十九，其余方百里者八十，方十里者七十一。又封方五十里者六十三，为方百里者十五，方十里者七十五，其余方百里者六十四，方十里者九十六。

---

① 古帝都西北，垦田偏在东南。周、秦、汉偏居西，中原称东土，故云东田。

诸侯之下士禄食九人,中士食十八人,上士食三十六人,下大夫食七十二人,卿食二百八十八人,君食二千八百八十人。次国之卿食二百一十六人,君食二千一百六十人。小国之卿食百四十四人,君食千四百四十人。次国之卿命于其君者,如小国之卿。

天子之大夫为三监,监于诸侯之国者,其禄视诸侯之卿,其爵视次国之君,其禄取之于方伯之地。方伯为朝天子,皆有汤沐之邑[①]于天子之县内,视元士。

诸侯世子世国,大夫不世爵。使以德,爵以功。未赐爵,视天子之元士,以君其国。诸侯之大夫,不世爵禄。

六礼:冠、昏、丧、祭、乡、相见。七教:父子、兄弟、夫妇、君臣、长幼、朋友、宾客。八政:饮食、衣服、事为、异别、度、量、数、制。[②]

---

① 言以其邑之所出供汤沐之资。
② 事为,言百工技艺。异别,言五方用器不同。制,布帛幅广狭。

礼运①

　　昔者仲尼与于蜡宾,②事毕,出游于观③之上,喟然而叹。仲尼之叹,盖叹鲁也。言偃④在侧,曰:"君子何叹?"孔子曰:"大道之行也,与三代之英,丘未之逮也,而有志焉。⑤大道之行也,天下为公,选贤与能,讲信修睦。故人不独亲其亲,不独

---

① 运,流转之谓。此篇所论,为礼之流运,自发生以及大备,故曰礼运。以今语释之,可谓"礼之进化"。
② 蜡,zhà,祭名。岁十二月,合聚万物而飨之,谓之蜡。宾,助祭者。
③ 观,门阙。
④ 言偃,孔子弟子子游。
⑤ 言上古时大道之行于天下,与夫夏、商、周三代英贤之臣所以得时行道之盛,我虽未及见,而实有志于此。一说,大道之行,言远古之时;三代之英,言三代之盛。志,志记之书。言虽未及亲见古昔之事,而志记之书可披览焉。

子其子，使老有所终，壮有所用，幼有所长，矜、寡、孤、独、废疾者皆有所养。男有分，女有归。①货，恶其弃于地也，不必藏于己；力，恶其不出于身也，不必为己。是故谋闭而不兴，②盗窃乱贼而不作，故外户而不闭。是谓'大同'。

"今大道既隐，天下为家，③各亲其亲，各子其子，货力为己，④大人世及以为礼，⑤城郭沟池以为固，礼义以为纪，以正君臣，以笃父子，以睦兄弟，以和夫妇，以设制度，以立田里，以贤勇知，以功为己。⑥故谋用是作，而兵由此起。禹、汤、文、武、成王、周公，⑦由此其选也。此六君子者，未有不谨于礼者也。以著其义，以考其信，著有

---

① 老有所终，言老者皆得赡养以终其余年。壮有所用，言壮者不爱惜其力以奉老幼。幼有所长，言幼者皆得长养以成人。矜，通"鳏"。分，fèn，职务权限。归，女子嫁。
② 谋，奸邪诈欺之谋。言奸谋闭塞，无自起。
③ 天下为家，言视天下为私家物。一说，天下之人各私其家。
④ 言藏货于身，出力赡己。
⑤ 大人，言天子、诸侯。世，父子相传。及，兄终弟及。
⑥ 言以勇知为贤，以立功为己。
⑦ 言此六人者，为能以礼义为纪之英选。

过，刑仁讲让，示民有常。① 如有不由此者，在埶者去，众以为殃。② 是谓'小康'。"

言偃复问曰："如此乎礼之急也？"孔子曰："夫礼，先王以承天之道，以治人之情，故失之者死，得之者生。《诗》曰：'相鼠有体，人而无礼。人而无礼，胡不遄死！'③ 是故夫礼，必本于天，殽于地，列于鬼神，达于丧、祭、射、御、冠、昏、朝、聘。④ 故圣人以礼示之，故天下国家可得而正也。"

言偃复问曰："夫子之极言礼也，⑤ 可得而闻与？"孔子曰："我欲观夏道，是故之杞，而不足征也，吾得《夏时》焉。⑥ 我欲观殷道，是故之宋，而

---

① 著，明。考，成。著有过，言民有罪则据礼以明之。刑，则。刑仁，言民有仁者，用礼赏之，以为则。
② 言如有不由礼义者，虽在势位亦必去，众共认为殃祸，必以罪黜退之。
③ 《诗·鄘风·相鼠》之篇。相，视。遄，速。一说，相鼠，似鼠而大，能人立。体，非身体，言礼体。
④ 本于天，言本于天理之节文。殽，效。殽于地，言效于山泽高卑之势，为上下之等。一说，殽，错杂，有分布之意。列，排比次第。列于鬼神，言取法度于鬼神。丧、祭等八者，皆礼仪之名。御，为"乡"字之误，乡饮酒礼。
⑤ 极，至。极言礼，言论礼之极处。
⑥ 道，即言礼。杞，夏之后。征，证。不足征，言杞之治不足取证。《夏时》，夏代定四时之书。今《大戴记》中有《夏小正》，即依此而作者。一说，夏时，夏之历法，非书之专名。

不足征也，吾得《坤乾》焉。^①《坤乾》之义，《夏时》之等，吾以是观之。^② 夫礼之初，始诸饮食，其燔黍捭豚，污尊而抔饮，蒉桴而土鼓，^③ 犹若可以致其敬于鬼神。及其死也，升屋而号，告曰：'皋！某复！'^④ 然后饭腥而苴孰。^⑤ 故天望而地藏也，体魄则降，知气在上。^⑥ 故死者北首，生者南乡，^⑦ 皆从其初。^⑧ 昔者先王未有宫室，冬则居营窟，夏则居橧巢。^⑨ 未有火化，食草木之实、鸟兽之肉，饮其血，

---

① 宋，殷之后。《坤乾》，殷阴阳之书。
② 言观于《坤乾》之义理，《夏时》之序列，以知上代之礼。
③ 燔黍，以黍米加于烧石之上，燔之使熟。捭，bò，分擘。捭豚，分擘豚肉，加于烧石之上而熟之。污尊，掘地为污坎以盛水。抔，póu，以手掬物。抔饮，掬水而饮。蒉，通"凷"，土块。蒉桴，抟土块为击鼓之槌。土鼓，筑土为鼓。
④ 皋，长呼之声。某，死者之名。复，归来。所以升屋者，以为魂气在上。
⑤ 饭腥，言以生稻米纳死者口使含之。苴孰，包裹熟肉而奠之。
⑥ 天望，言始死望天而招魂。地藏，言埋藏尸体于地中。言所以如此者，体魄则降而知气在上之故。
⑦ 乡，通"向"，面向，朝着。言死者之头向北，生者之居向南。
⑧ 言后世所行，皆从古初所有之礼。
⑨ 营窟，营累泥土以为窟穴，或穴山作室。橧，zēng，聚薪。橧巢，聚薪柴以为巢居。一说，橧，或作"增"，即后世"层"字。言为巢于木，累数层。

礼运

茹其毛。^①未有麻丝，衣其羽皮。后圣有作，然后修火之利，范金，合土，^②以为台榭、宫室、牖户；以炮，以燔，以亨，以炙，以为醴酪；^③治其麻丝，以为布帛。以养生送死，以事鬼神上帝，皆从其朔。^④故玄酒在室，醴醆在户，粢醍在堂，澄酒在下。^⑤陈其牺牲，备其鼎俎，^⑥列其琴、瑟、管、磬、钟、鼓，修其祝嘏，^⑦以降上神与其先祖，以正君臣，以笃父子，以睦兄弟，以齐上下，夫妇有所。是谓'承天之祜'。^⑧作其祝号，^⑨玄酒以祭，荐其血毛，腥

---

① 茹，食。毛非可食，去毛不能尽，即并食之。
② 修火之利，言利用火以治万物。范金，为形范以制金属之器。合土，和合泥土为陶器。
③ 炮，裹而烧之。燔，加于火上。亨，通"烹"，煮，煮之于镬。炙，贯串而置之于火上。醴，酒。酪，醋。
④ 朔，初。言后世生事，皆取法古初。
⑤ 玄酒，水。太古无酒，用水行礼。后王重古，尊其名曰玄酒。醴，酒之一宿者。醆，zhǎn，酒之葱白色者。粢，zī。醍，tǐ。粢醍，酒成而红赤色。澄酒，酒成而滓沉。此言祭时陈设酒醴之次第。
⑥ 言陈列祭品，熟者盛于鼎，腥则盛于俎。
⑦ 祝，主人告神之辞。嘏，尸（生人居神之位视为神体者）致福于主人之辞。
⑧ 言祭时仪式可明人伦，行之得所则承受天所与之福。
⑨ 祝号，祝史称物之尊名（如祖曰"皇祖"，牛曰"一元大武"之类）以告鬼神。

其俎,孰其殽,①与其越席、疏布以幂,衣其浣帛,②醴醆以献,荐其燔炙,君与夫人交献,③以嘉魂魄,是谓'合莫'。④然后退而合亨,体其犬豕牛羊,实其簠簋笾豆铏羹,⑤祝以孝告,嘏以慈告,是谓'大祥'。⑥此礼之大成也。"

孔子曰:"於呼哀哉!我观周道,幽、厉伤之。吾舍鲁何适矣!⑦鲁之郊禘,非礼也。周公其衰矣!⑧杞之郊也,禹也;宋之郊也,契也。是天

---

① 荐其血毛,言祝以血毛告。腥其俎,言既杀牲以俎盛肉。孰其殽,言以汤爓之。
② 越席,蒲席。疏布,粗布。幂,mì,覆食之巾,此假为动词。言以越席、疏布盖覆。浣帛,言祭服以练染之帛制之者。
③ 言行礼时,第一君献,第二夫人献,第三君献,第四夫人献,故云交献。
④ 嘉,乐。言以上所称祭祀之礼,所以嘉乐死者之魂魄。莫,冥漠。合莫,言生人与神灵契合于冥漠之中。
⑤ 退而合亨,言退取所荐陈之爓肉合而烹煮之,使熟而可食。体,言体别骨肉之贵贱,以为众俎,用供尸及待宾客兄弟等。簠,fǔ,内圆外方,盛稻粱之器。簋,guǐ,外圆内方,盛黍稷之器。笾、豆,二者形制相同,竹曰笾,以盛菹,木曰豆,以盛肉。铏,xíng,如鼎而小,盛和羹之器。
⑥ 祥,善。
⑦ 言周之礼仪法则为幽、厉所伤,唯鲁略有存者,故舍鲁无可观。自此以下,备言周道存亡得失之由。
⑧ 郊,祭天地。禘,祀祖之大祭。二者皆天子行之。鲁非天子,而亦行之,故孔子以为非礼,而叹周公之道衰。

子之事守也。① 故天子祭天地，诸侯祭社稷。

"祝嘏莫敢易其常古，是谓'大假'。② 祝嘏辞说，藏于宗祝巫史，非礼也，是谓'幽国'。③ 醆斝及尸君，非礼也，是谓'僭君'。④ 冕弁兵革，藏于私家，非礼也，是谓'胁君'。⑤ 大夫具官，祭器不假，声乐皆具，非礼也，是谓'乱国'。⑥ 故仕于公曰'臣'，仕于家曰'仆'。⑦ 三年之丧与新有昏者，期不使。⑧ 以衰裳入朝，与家仆杂居齐齿，非礼也，

---

① 言杞亦郊天，配之以禹；宋亦郊天，配之以契。而郊者，是天子之所守。明杞、宋亦非礼。
② 假，通"嘉"，善。言祝嘏之辞，古常有训，莫为更易，则礼之大善者。校订者按：旧说或以"假"为大，或以"假"为至，或以"假"为福、乐。
③ 言弃去旧时祝嘏辞说不用，藏于宗祝巫史之家，而更易古礼，自为辞说，是必幽暗之国。
④ 醆，夏爵。斝，jiǎ，殷爵。及尸君，君以献尸，而尸以酢君。醆、斝，皆先代之器，唯王者用之。乃诸侯而亦用之，故谓之僭礼之君。
⑤ 冕，衮冕。弁，皮弁。言冕弁为君之尊服，兵革为君之武卫，而藏之大夫之私家，则君必见胁于臣之君。
⑥ 大夫有地者，置官一人，兼摄群职。又，大夫无地，不得造祭器，出以假借。又，大夫祭不得用乐。此所称均得其反，故谓之败乱之国。
⑦ 公，诸侯之号。家，大夫以下称之。
⑧ 言礼有三年之丧者，则三年不复使役；新有婚者，则周岁不复使役。

是谓'君与臣同国'。^①故天子有田以处其子孙,诸侯有国以处其子孙,大夫有采以处其子孙,是谓'制度'。^②故天子适诸侯,必舍其祖庙,而不以礼籍入,^③是谓'天子坏法乱纪'。诸侯非问疾、吊丧而入诸臣之家,是谓'君臣为谑'。是故礼者,君之大柄也。所以别嫌明微,傧^④鬼神,考制度,别仁义,所以治政安君也。故政不正则君位危,君位危则大臣倍,小臣窃。刑肃而俗敝,则法无常,^⑤法无常而礼无列,^⑥礼无列则士不事^⑦也。刑肃而俗敝,则民弗归也。是谓'疵国'。^⑧

"故政者,君之所以藏身也。^⑨是故夫政必本于

---

① 衰裳,丧服。国,为"惑"之讹字。言以丧服入朝,与家仆为等辈,皆属非礼,君臣均不得辞惑乱之咎。
② 处,位置而区处之,使各得其宜。采,大夫所食采地。言天子、诸侯、大夫各有其地,古之制度则然。
③ 舍,居之。不以礼籍入,言不携礼籍而入。
④ 傧,以礼宾之。
⑤ 肃,严急。法无常,言法教失常轨。
⑥ 礼无列,言礼紊乱而失其等列。
⑦ 不事,不事其事。
⑧ 疵,病。
⑨ 言人君施政于外,人止见其政,不见其人。

礼运

天,殽以降命。^①命降于社之谓殽地,^②降于祖庙之谓仁义,^③降于山川之谓兴作,^④降于五祀之谓制度。^⑤此圣人所以藏身之固也。^⑥

"故圣人参于天地,并于鬼神,以治政也。处其所存,礼之序也;玩其所乐,民之治也。^⑦故天生时而地生财,人其父生而师教之。四者,君以正用之,^⑧故君者立于无过之地也。

"故君者,所明也,非明人者也;^⑨君者,所养也,非养人者也;君者,所事也,非事人者也。^⑩故君明人则有过,养人则不足,事人则失位。故百姓

---

① 殽,纷杂。言人君所行之政,必本于天,纷纷然降下之教令,即是政。
② 社,地神,此即言地。命降于社,言政令降于地。殽地,言地之所产,至错杂。
③ 言祖庙之设,本仁而合义。
④ 言山川有草木禽兽,政令降于山川,则有种种之兴作。
⑤ 五祀,祀中霤、门、户、灶、行之神。言政令降于中霤、门、户等,是即制度。
⑥ 言如是则能善藏其身而弥固。
⑦ 言处人事之所当存,礼因以得序;玩人生之所悦乐,民因以得治。
⑧ 以正用之,言人君正己修德,而后用天时、地财,兼总父、师之任。
⑨ 明,犹尊也。一说,明,取以为明。言君者,人所取以为明者,非取于人以为明者。
⑩ 养,供养。事,奉事。

则君以自治也，养君以自安也，事君以自显也。故礼达而分定，故人皆爱其死而患其生。① 故用人之知，去其诈；用人之勇，去其怒；用人之仁，去其贪。② 故国有患，君死社稷谓之义，大夫死宗庙谓之变。③

"故圣人耐以天下为一家，以中国为一人者，非意之也，必知其情，辟于其义，④ 明于其利，达于其患，然后能为之。何谓人情？喜、怒、哀、惧、爱、恶、欲，七者弗学而能。何谓人义？父慈、子孝、兄良、弟弟、夫义、妇听、长惠、幼顺、君仁、臣忠，十者谓之人义。讲信修睦，谓之人利。争夺相杀，谓之人患。故圣人所以治人七情，修十义，讲信修睦，尚辞让，去争夺，舍礼何以治之？饮食男女，人之大欲存焉；死亡贫苦，人之大恶存焉。故欲恶者，心之大端也。⑤ 人藏其心，不可测度

---

① 言礼达分定，则人民乐为君效死，而患贪生。
② 诈巧言，怒敢为，贪多爱，三者有似于知、勇、仁。
③ 变，通"辩"，正。
④ 耐，通"能"。意之，言以意测度之。一说，徒有其意。情，人情。辟，通"譬"，通。
⑤ 言欲恶二者乃人心之两大端绪。

也。美恶皆在其心，不见其色也。欲一以穷之，^①舍礼何以哉？

"故人者，其天地之德，阴阳之交，鬼神之会，五行之秀气也。^②故天秉阳，垂日星；地秉阴，窍于山川。^③播五行于四时，和而后月生也。^④是以三五而盈，三五而阙。五行之动，迭相竭也。^⑤五行、四时、十二月，还相为本也。^⑥五声、六律、十二管，还相为宫也。^⑦五味、六和、十二食，还相为质也。^⑧五色、六章、十二衣，还相为质也。^⑨故人者，天

---

① 一以穷之，言用一道以极尽其端。
② 言人得此数者交会而后生。
③ 窍于山川，言地气所出之孔穴，即于山川见之。
④ 五行，金、木、水、火、土。言五行播属于四时，四时和而十有二月生。
⑤ 动，运转。竭，终。言五行运转，迭相终始，即五行相生相克之说。
⑥ 还相为本，言回环周始。
⑦ 五声，宫、商、角、徵、羽。六律，言阳律（黄钟、太蔟、姑洗、蕤宾、夷则、亡射）。合阴吕（大吕、夹钟、中吕、林钟、南吕、应钟）共为十二管。还相为宫，言五声十二律可更迭为宫。
⑧ 五味，酸、苦、辛、咸、甘。调之以滑，是谓六和。十二食，六谷、六牲。还相为质，言各味各物，均可取以为质。
⑨ 五色，青、赤、黄、白、黑。六章，兼天玄。十二衣，当是日、月、星辰、山、龙、华虫、宗彝、藻、火、粉米、黼、黻。还相为质，言画缋缔绣之事，配色者可互为文质。

地之心也，五行之端也，①食味、别声、被色而生者也。

"故圣人作则，必以天地为本，以阴阳为端，以四时为柄，以日星为纪，月以为量，鬼神以为徒，五行以为质，礼义以为器，人情以为田，四灵以为畜。②以天地为本，故物可举③也。以阴阳为端，故情可睹也。④以四时为柄，故事可劝也。以日星为纪，故事可列⑤也。月以为量，故功有艺也。⑥鬼神以为徒，故事有守⑦也。五行以为质，故事可复也。⑧礼义以为器，故事行有考⑨也。人情以为田，

---

① 言人在天地中，为万物之最灵，可以参赞天地，故谓天地之心。万物皆由五行而生，而人独得其端首之气，故谓五行之端。
② 量，计。鬼神以为徒，言时有祭祀祈祷之事。五行以为质，言利用厚生，制器取材，无非金、木、水、火、土。器与田相应，言持礼义之器以耕人情之田。四灵，见下文。
③ 举，生，兴。
④ 言人情与阴阳相通，法阴阳故人情可睹。
⑤ 列，次第。
⑥ 艺，犹才也。言按月程课，则人竭其才之所长而为功。
⑦ 事有守，言事无失守。
⑧ 言器用以生克相制，故事可复。
⑨ 考，凭据考核。

故人以为奥①也。四灵以为畜，故饮食有由也。

"何谓四灵？麟、凤、龟、龙，谓之四灵。故龙以为畜，故鱼鲔不淰；凤以为畜，故鸟不獝；麟以为畜，故兽不狘；龟以为畜，故人情不失。②故先王秉蓍龟，列祭祀，瘗缯，③宣祝嘏辞说，设制度，故国有礼，官有御，事有职，礼有序。④

"故先王患礼之不达于下也。故祭帝于郊，所以定天位也。祀社于国，所以列地利也。祖庙，所以本仁也。山川，所以傧鬼神也。五祀，所以本事也。⑤故宗祝在庙，三公在朝，三老在学，⑥王前巫而后史，卜筮瞽侑⑦皆在左右。王中心无为也，以守至正。故礼行于郊，而百神受职焉。礼行于社，而

---

① 奥，犹主也。
② 鲔，wěi，鱼名，鳣属。淰，shěn，鱼骇貌。獝，xù，飞走貌。狘，xuè，兽惊走貌。古谓四灵皆有神灵。龟可以卜知吉凶，故言人情不失。
③ 瘗，yì，埋牲。缯，币帛。言以缯赠神。
④ 言官各御其事，事各归其职，行礼又各有其序。
⑤ 言中霤、门、户、灶、行，事所从出，故谓所以本事。
⑥ 言王者在宗庙则委于宗祝，在朝则委于三公，在学则委于三老，以达礼于下。
⑦ 瞽，乐人。侑，四辅，主规谏者。

百货可极^①焉。礼行于祖庙，而孝慈服^②焉。礼行于五祀，而正法则焉。故自郊、社、祖庙、山川、五祀，义之修而礼之藏也。^③

"是故夫礼，必本于大一，^④分而为天地，转而为阴阳，变而为四时，列而为鬼神。其降曰命，其官于天也。^⑤夫礼必本于天，动而之地，列而之事，^⑥变而从时，协于分艺。^⑦其居人也曰养，^⑧其行之以货、力、辞让、饮食、冠、昏、丧、祭、射、御、朝、聘。^⑨

"故礼义也者，人之大端也，所以讲信修睦，

---

① 极，言极尽其用。
② 服，服行。
③ 修，修饰其节文。藏，含藏其妙运。
④ 大一，言天地未分之初。
⑤ 其降曰命，言元气降于人之性灵等，谓之命。官于天，言此天之降于人者，实分官职于天。
⑥ 动而之地，言礼动而有所之，则体国经野，分田授邑，辟土作室，筑城凿池，道路沟洫，皆地利。列而之事，言礼之分列灿陈，陈官列职，所谓事。
⑦ 分，权限。艺，才。
⑧ 言礼居人身，所以养德。
⑨ 货，行礼之资。力，行礼之具。辞让，行礼之实。御，为"乡"字之误。校订者按：即乡饮酒礼。

而固人之肌肤之会、筋骸之束也,[1]所以养生、送死、事鬼神之大端也,所以达天道、顺人情之大窦也。[2]故唯圣人为知礼之不可以已也。故坏国、丧家、亡人,必先去其礼。

"故礼之于人也,犹酒之有蘖[3]也。君子以厚,小人以薄。[4]故圣王修义之柄、礼之序,以治人情。故人情者,圣王之田也。修礼以耕之,陈义以种之,讲学以耨之,本仁以聚之,播乐以安之。故礼也者,义之实也。协诸义而协,则礼虽先王未之有,可以义起[5]也。义者,艺之分、仁之节也。[6]协于艺,讲于仁,得之者强。仁者,义之本也,顺[7]之体也,得之者尊。故治国不以礼,犹无耜而耕

---

[1] 言肌肤之总会,筋骸之联束,非不固,然无礼以维饬之,则惰慢倾侧之容见,故必礼以固之。
[2] 窦,孔穴之可出入者。由于礼则通达,不由礼则窒塞,故以人情之大窦喻礼。
[3] 蘖,niè,曲,所以酿酒者。
[4] 言君子厚于礼,犹酒之厚于蘖而醇;小人薄于礼,犹酒之薄于蘖而醨。
[5] 义起,酌于义而创为之。
[6] 艺以事言,仁以心言。言事之处于外者,以义为分限之宜,心之发于内者,以义为品节之制。
[7] 顺,自然和畅。

也。为礼不本于义，犹耕而弗种也。为义而不讲之以学，犹种而弗耨也。讲之于学而不合之以仁，犹耨而弗获也。合之以仁而不安之以乐，犹获而弗食也。安之以乐而不达于顺，犹食而弗肥也。

"四体既正，肤革充盈，人之肥也。父子笃，兄弟睦，夫妇和，家之肥也。大臣法，小臣廉，官职相序，君臣相正，国之肥也。天子以德为车，以乐为御，诸侯以礼相与，大夫以法相序，士以信相考，百姓以睦相守，天下之肥也。是谓'大顺'。大顺者，所以养生、送死、事鬼神之常也。故事大积焉而不苑，①并行而不缪，细行而不失，②深而通，茂而有间，③连而不相及也，④动⑤而不相害也。此顺之至也。故明于顺，然后能守危也。"

"故礼之不同也，不丰也，不杀也，所以持情

---

① 苑，通"郁"，积聚，胶滞。
② 细，如一颦一笑之微。言虽微亦无失。
③ 茂，盛多。盛多易杂，而言有间，则条理仍秩然。
④ 言处此事而彼事连至，然先者先，后者后，无不迎刃而解，不相连及。
⑤ 动，两事并发动。

而合危也。① 故圣王所以顺，山者不使居川，不使渚者居中原，而弗敝也。② 用水、火、金、木、饮食必时，合男女、颁爵位必当年、德，用民必顺，故无水旱昆虫之灾，民无凶饥妖孽之疾。故天不爱其道，地不爱其宝，人不爱其情。③ 故天降膏露，地出醴泉，山出器车，④ 河出马图，⑤ 凤皇麒麟皆在郊薮，⑥ 龟龙在宫沼，其余鸟兽之卵胎，皆可俯而窥也。则是无故，⑦ 先王能修礼以达义，体信以达顺故。此顺之实也。"

---

① 杀，shài，减损。持情，扶持其情。合危，合安其危，不使危。
② 言使山者、渚者各保其业，故恒丰而弗敝。
③ 不爱，言不惜尽量倾致。
④ 器，言若银瓮、丹甑。车，言"山车垂钩"。山车，自然之车；垂钩，不揉治而自圆曲。一说，器、车，皆山中所产之物成之，故云然。
⑤ 传说，伏羲时有龙马负图出于河，以为瑞应。
⑥ 薮，sǒu，通"薮"，草泽。
⑦ 犹言"是无他故"。

礼器①

　　礼器，是故大备。②大备，盛德也。礼释回，③增美质，措则正，施则行。④其在人也，如竹箭之有筠也，⑤如松柏之有心也。二者居天下之大端矣，⑥故贯四时而不改柯易叶。⑦故君子有礼，则外谐而内无怨。故物无不怀⑧仁，鬼神飨德。

　　先王之立礼也，有本有文。忠信，礼之本也；

---

① 言礼之用犹器。此篇多论制此礼器之道。
② 言礼之用犹器，故以大备为贵。
③ 释，去。回，邪僻。
④ 言措之于身则身正，施之于事则事行。
⑤ 箭，篠。筠，竹肤之坚质。
⑥ 二者，筠与心。言外坚劲、内贞固为生道之大端。
⑦ 贯，经。言经四时而常绿永茂。
⑧ 怀，归。

义理，礼之文也。无本不立，无文不行。

礼也者，合于天时，设于地财，①顺于鬼神，合于人心，理万物者也。是故天时有生也，地理有宜也，人官有能也，②物曲有利也。③故天不生，地不养，君子不以为礼，鬼神弗飨也。④居山以鱼鳖为礼，居泽以鹿豕为礼，君子谓之不知礼。故必举其定国之数，以为礼之大经。⑤礼之大伦，以地广狭。⑥礼之薄厚，与年之上下。⑦是故年虽大杀，众不匡惧，⑧则上之制礼也节矣。

礼，时为大，顺次之，体次之，宜次之，称次之。⑨尧授舜，舜授禹，汤放桀，武王伐纣，时也。

---

① 言设施行礼之物，皆地之所产财利。
② 言人居其官，各效其能。
③ 言万物委曲，各有其利。
④ 言非其时物，非其产品，不以为设施行礼之物。
⑤ 举，犹挈也。定国，立国。言必挈其国内产物多少之数，以为礼之大经大伦。
⑥ 言大经大伦视地之广狭定之。
⑦ 与，如。言礼虽有定，又视年之丰歉以为厚薄。
⑧ 杀，shài，减。大杀，言五谷不熟。匡，通"恇"，怯，怖。
⑨ 时，言应乎时运。顺，言顺乎伦次。体，言随其体别。宜，言合乎义理。称，言称其分际。

《诗》①云:"匪革其犹,聿追来孝。"②天地之祭,宗庙之事,父子之道,君臣之义,伦也。③社稷山川之事,鬼神之祭,体也。④丧祭之用,宾客之交,义也。羔豚而祭,百官皆足。大牢而祭,不必有余。此之谓称也。⑤诸侯以龟为宝,以圭为瑞。⑥家不宝龟,不藏圭,不台门。⑦言有称也。

礼有以多为贵者。天子七庙,诸侯五,大夫三,士一。天子之豆⑧二十有六,诸公十有六,诸侯十有二,上大夫八,下大夫六。诸侯七介七牢,大夫五介五牢。⑨天子之席⑩五重,诸侯之席三重,

---

① 《诗·大雅·文王有声》之篇。
② 革,通"亟",急。犹,道。聿,述。言文王改作丰邑,非欲急行己之道,乃追述先祖之业,来行孝道于丰邑,亦时为大之意。
③ 言四者乃顺自然之伦次。
④ 言是诸礼各随其体之轻重而为礼之隆杀。
⑤ 足,犹得也。言羔豚而祭,薄,宜若不足,而百官皆可分得。太牢而祭,丰,宜若有余,而亦不使有余。此谓各称其分际。
⑥ 龟,所以卜。圭,天子班于诸侯之玉。
⑦ 家,卿大夫。台门,两边筑阁为基,于基上起屋,盖国之所有。
⑧ 豆,食器。
⑨ 介,副。牢,太牢。此言诸侯朝天子,使大夫聘天子之礼。
⑩ 席,所以藉地。

礼器

大夫再重。天子崩,七月而葬,五重八翣;^①诸侯五月而葬,三重六翣;大夫三月而葬,再重四翣。此以多为贵也。

有以少为贵者。天子无介,祭天特牲。^②天子适诸侯,诸侯膳以犊。诸侯相朝,灌用郁鬯,^③无笾豆之荐。^④大夫聘礼以脯醢。^⑤天子一食,诸侯再,大夫、士三,食力无数。^⑥大路,繁缨一就;^⑦次路,^⑧繁缨七就。圭、璋特,琥、璜爵。^⑨鬼神之祭单席。

---

① 五重,亦指席言,葬时用以掩圹藉棺。翣,shà,形如扇,置棺两旁,以蔽棺。
② 特牲,一牲。
③ 相朝,言自相朝见。灌,献。郁鬯,气味芬芳之酒。膳天子不用郁鬯,自相朝见则用之,亦以为贵。
④ 以义在少而不在味,故唯有鬯而无殽。
⑤ 言大夫出使行聘礼毕,主国礼之,酌以酒而又有脯醢,味又稍多。
⑥ 食,犹飧也。一、再、三,言一飧、再飧、三飧而告饱,待劝之,乃更食。食力,自食其力者。
⑦ 大路,殷祭天之车。繁,通"鞶",马腹带。缨,鞅。就,成。染丝而织以为鬑,五色一匝曰就。一说,繁,读如字,言缨之文繁。就,即指缨而言,犹言匝也。
⑧ 次路,车之仅供卑杂之用者。
⑨ 特,言不以他物俪之。琥、璜,玉之下于圭、璋者。琥、璜爵,言天子飨诸侯或诸侯自相飨行礼,酬爵时有琥、璜之玉以将币。

诸侯视朝，大夫特，士旅之。① 此以少为贵也。

有以大为贵者。宫室之量，器皿之度，棺椁之厚，丘封之大。此以大为贵也。

有以小为贵者。宗庙之祭，贵者献以爵，贱者献以散。尊者举觯，卑者举角。② 五献之尊，③ 门外缶，门内壶，君尊瓦甒。④ 此以小为贵也。

有以高为贵者。天子之堂九尺，诸侯七尺，大夫五尺，士三尺。天子、诸侯台门。此以高为贵也。

有以下为贵者。至敬不坛，埽地而祭。⑤ 天子、诸侯之尊废禁，大夫、士棜禁。⑥ 此以下为贵也。

---

① 旅，众。言诸侯视朝之时，于大夫则特揖之，于士则举众而共一揖之。
② 爵、散、觯、角，皆酒器。爵小于散，觯小于角。觯，zhì。
③ 五献，子男之享礼。一说，五献，言宗庙之中有献尸、献卿、献大夫、献士及群有司之别。尊，注酒器。
④ 门外、门内，言所陈之处。缶、壶、瓦甒，皆尊。壶小于缶，甒小于壶。君尊，子男之尊。一说，君尊，言献尸用君尊。
⑤ 至敬，言祭天之礼。坛，人为之高；不坛，从其自然。埽地，致其洁。
⑥ 禁，承酒尊之器。废禁，言用舟用罍，无所用禁。棜，yù，承酒尊器，足不及禁之高。大夫、士棜禁，言大夫用棜，士用禁。

礼器

礼有以文为贵者。天子龙衮，诸侯黼，大夫黻，士玄衣纁①裳。天子之冕，朱绿藻，十有二旒，②诸侯九，上大夫七，下大夫五，士三。此以文为贵也。

有以素为贵者。至敬无文，父党无容，③大圭不琢，大羹不和，④大路素而越席，⑤牺尊疏布鼏、⑥樿杓。⑦此以素为贵也。

孔子曰："礼不可不省⑧也。礼不同，不丰不杀。"⑨此之谓也，盖言称也。

礼之以多为贵者，以其外心者也。⑩德发扬，诩万物，大理物博。⑪如此，则得不以多为贵乎？故君

---

① 纁，xūn，赤色。
② 藻，文饰。旒，垂于冕前后之贯玉。
③ 言父党至亲，故事之无有折旋揖让之容。
④ 大羹，肉汁。不和，言不以盐梅调味。
⑤ 越席，蒲席。
⑥ 牺尊，刻尊为牺牛之形。疏，粗。鼏，mì，覆。
⑦ 樿，shàn，白理木。杓，沃盥之具。言以樿为杓。
⑧ 省，省察。
⑨ 不同，如上文高下、大小、文素之异。不丰不杀，言须各得其得，无太过，无不及。
⑩ 外心，用心于外，其德在表。
⑪ 诩，普徧。言天地之德发扬昭著，普徧万物，则能大理，而物之所成者博。

子乐其发也。① 礼之以少为贵者，以其内心者也。② 德产之致也精微，③ 观天下之物，无可以称其德者。如此，则得不以少为贵乎？是故君子慎其独也。④ 古之圣人，内之为尊，外之为乐，少之为贵，多之为美。⑤ 是故先王之制礼也，不可多也，不可寡也，唯其称也。

是故君子大牢而祭，谓之礼；匹士大牢而祭，谓之攘。⑥ 管仲镂簋朱纮，山节藻棁，⑦ 君子以为滥矣。晏平仲祀其先人，豚肩不掩豆，浣衣濯冠以朝，君子以为隘⑧矣。是故君子之行礼也，不可不慎也，众之纪也，纪散而众乱。孔子曰："我战则

---

① 发，德之发于外，言用心于外。
② 内心，用心于内，其德在内。
③ 产，生。言天地之德发生万物，其致极精微。
④ 慎其独，身致其诚而已。
⑤ 内之、外之，即上所称"内心""外心"。多、少，以物言之。
⑥ 君子，言大夫以上。匹士，士。攘，盗。
⑦ 镂簋，言其簋镂刻而又饰以金玉，如天子之制。纮，hóng，冕系。朱纮，天子之饰。山节，刻柱头为斗拱，形如山。棁，zhuō，梁上短柱。山节藻棁，皆天子庙饰。
⑧ 隘，狭陋。

礼器

克，祭则受福。"① 盖得其道矣。②

君子曰："祭祀不祈，不麾蚤，③ 不乐葆大，④ 不善嘉事，⑤ 牲不及肥大，荐不美多品。"⑥

孔子曰："臧文仲安知礼？⑦ 夏父弗綦逆祀⑧而弗止也，燔柴于奥。⑨ 夫奥者，老妇之祭也，盛于盆，尊于瓶。"⑩

---

① 此孔子述知礼者之语。我，知礼者。
② 言所以能克能受福，以能得其中道，所谓称也。
③ 不祈，言不为求福。麾，恐系"摩"字，通"挥"。蚤，恐系"搔"字。不麾、不蚤，言祭时不敢指挥，不敢搔爬。校订者按，郑玄注："麾之言快也。祭有时，不以先之为快也。"孔颖达疏："麾，快也。蚤，谓先时也。"据郑注、孔疏之意，麾，快，"蚤"为"早"之借字。言祭祀都有一定的时间，不可随意图快求早举行。
④ 葆，通"褒"，高大。言祭祀不敢盛大其事而以为乐。
⑤ 嘉事，指祭祀。言不敢因其为嘉事而自以为善。
⑥ 言礼之义有以少小为贵，不定取肥大众多。
⑦ 臧文仲，鲁大夫。时人尊为知礼，孔子则举下引之事以证其非。
⑧ 鲁闵公、僖公，俱庄公之子。闵嫡而少，僖庶而大。庄公死，立闵为君，僖时为臣。闵少而死，后乃立僖。僖死，其子文公立。夏父弗綦为宗伯，典礼，佞文公云："吾见新鬼大，故鬼小。"以闵置僖下。此所谓逆祀。
⑨ 燔柴，祭天之礼。奥，室西南隅，祀灶之所。言弗綦燔柴媚奥，文仲不能谏止，亦为不知礼。
⑩ 言祭于奥，当由妇人之老者主其事，物则盛于盆，酒则尊于瓶。

礼也者，犹体也。① 体不备，君子谓之不成人。设之不当，犹不备也。礼有大有小，有显有微。大者不可损，小者不可益，显者不可掩，微者不可大也。故经礼三百，曲礼三千，② 其致一也。③ 未有入室而不由户者。

君子之于礼也，有所竭情尽慎，致其敬而诚若，有美而文而诚若。④ 君子之于礼也，有直而行也，⑤ 有曲而杀也，⑥ 有经而等也，⑦ 有顺而讨也，⑧ 有撕而播也，⑨ 有推而进也，⑩ 有放而文也，⑪ 有放而不致

---

① 体，言若人身体。
② 经礼，言《周礼》。《周礼》六篇，其官有三百六十。曲，犹事也。事礼，言当时通行之仪礼，其仪有三千。一说，经礼，曲礼之总，体经以尽其常。曲礼，经礼之别，致曲以尽其变。三百、三千，言其数之多。
③ 致，至。一，言诚。
④ 若，语词。竭情尽慎，致其敬而诚若，指内心者而言；美而文而诚若，指外心者而言。
⑤ 言径直而行，不加节文。
⑥ 言若父在为母期之类，欲尽其委曲，礼即因之减杀。
⑦ 经，常。言依礼之常，无贵贱一也。
⑧ 讨，求。言顺人情以求其所欲，如丧祭各得自尽之类是。
⑨ 撕，恐是"渐"字。言渐次而播布之，如昏礼之自纳采以至合卺，丧之自始死以至遣奠。
⑩ 言推广其情，于常礼之外，有所增益。
⑪ 放，效法。言观象放法，以为文饰。

也,① 有顺而摭也。②

三代之礼一也,民共由之。或素或青,③ 夏造殷因。周坐尸,④ 诏侑武方,⑤ 其礼亦然,⑥ 其道一也。夏立尸而卒祭,⑦ 殷坐尸,周旅酬六尸。⑧ 曾子曰:"周礼其犹醵与!"⑨

君子曰:"礼之近人情者,非其至者也。郊血,大飨腥,⑩ 三献爓,一献孰。⑪"是故君子之于礼也,非作而致其情也,此有由始也。⑫ 是故七介以相见也,不然则已悫。三辞三让而至,不然则已蹙。⑬

① 致,极。言效法而不得取其至极者。
② 摭,拾取。言顺人情而有所取。
③ 或素,言殷尚白。或青,言夏尚黑(青近于黑)。
④ 此言周因于殷。
⑤ 诏,告尸。侑,劝食。武,为"无"字之误。方,常。言凡与祭者皆得告尸劝食,无常人。
⑥ 言"诏侑武方"之礼,三代皆无异。
⑦ 言夏礼尸惟饮食乃坐,若不饮食时,则倚立以至祭竟。
⑧ 旅酬,聚众而更相酬之。六尸,以表诸庙之祖。
⑨ 醵,jù,合钱饮酒。言旅酬有似乎醵。
⑩ 言郊荐血,大飨荐生肉。
⑪ 三献,祭社稷、五祀之礼。爓,xún,沉肉于汤。一献,祭群小祀之礼。
⑫ 作,起。言非徒起而致己之情,皆有所由以为始。
⑬ 已,犹甚也。已悫,言太愿。已蹙,言太急促。

故鲁人将有事于上帝，必先有事于頖宫；晋人将有事于河，必先有事于恶池；齐人将有事于泰山，必先有事于配林。①三月系，七日戒，三日宿，②慎之至也。故礼有摈诏，乐有相步，温之至也。③

礼也者，反本修古，不忘其初者也。故凶事不诏，朝事以乐；④醴酒之用，玄酒之尚；割刀之用，鸾刀之贵；莞簟之安，而稿鞂之设。⑤是故先王之制礼也，必有主也，故可述而多学也。⑥

---

① 頖宫，亦作"泮宫"，鲁学宫名。恶池，hū tuó，水名，并州川之小者，河之从祀。配林，小山林麓配泰山者。先有事，言先事预习，以免违失。校订者按，郑玄注云："恶，当为'呼'，声之误也。"杨慎《升庵经说》云："恶池，北方河名，音乌沱。秦《诅楚文》作'恶驼'。"亦作"虖池"（《周礼·夏官·职方氏》）、"嘑池"（《墨子·兼爱》）、"呼池"（《战国策·秦策》）。
② 系，系牲于牢。戒，言散斋戒慎。宿，言严宿以致斋。
③ 摈诏，摈相之诏告。相步，乐工无目，故有扶相其行步者。言礼有摈诏，乐有相步，皆因礼容不可急遽，有此二者，则是温藉之至。
④ 凶事，丧事。不诏，言不待诏告而哀自至，是反其孝性之本。朝事，朝廷之事。以乐，言奏陈音乐，是反其乐朝廷之本心。
⑤ 玄酒，水。割刀，割物之刀。鸾刀，古刀，刀环有铃，故名（鸾，铃）。莞簟，席。稿鞂，用禾秆编织成之草席，古代祭天所用。鞂，jiē，穗去实曰鞂。言有醴酒之美而尚玄酒，有割刀之便而贵鸾刀，有莞簟之安而设稿鞂，皆所谓修古。
⑥ 主，言"本"与"古"。言既有其主，故有可推求而述之学之。

礼器

君子曰:"无节于内①者,观物弗之察矣。欲察物而不由礼,弗之得矣。"故作事不以礼,弗之敬矣。出言不以礼,弗之信矣。故曰:"礼也者,物之致也。"

是故昔先王之制礼也,因其财物而致其义焉尔。故作大事必顺天时,为朝夕必放于日月,②为高必因丘陵,为下必因川泽。是故天时雨泽,君子达亹亹焉。③

是故昔先王尚有德,尊有道,任有能,举贤而置之,聚众而誓之。是故因天事天,因地事地,④因名山升中于天,因吉土以飨帝于郊。⑤升中于天,而凤凰降,龟龙假;⑥飨帝于郊,而风雨节,寒暑时。是故圣人南面而立,而天下大治。

---

① 节,犹验也。无节于内,言内无识验之明。
② 为朝夕,春分朝日,秋分祀月,日出而作,日入而息之类。放,取法。
③ 亹亹,wěi wěi,勉勉。言君子感于天时雨泽为天德之流行不息,其于敦礼亦勉勉而不容已。
④ 此言正祭。言因高处以祭天,因卑处以祭地。
⑤ 此言告祭之礼,非常祭。中,犹成也。升中,言以成功上告于天。一说,升中,升达其中心之诚。吉土,预卜之而吉者。
⑥ 凤凰、龟、龙,古昔以为灵物。假,通"格",至,到。

礼记

　　天道至教,① 圣人至德。庙堂之上,罍尊在阼,牺尊在西;庙堂之下,县鼓在西,应鼓在东。② 君在阼,夫人在房。大明生于东,月生于西。③ 此阴阳之分,夫妇之位也。君西酌牺象,夫人东酌罍尊,④ 礼交动乎上,⑤ 乐交应乎下,⑥ 和之至也。

　　礼也者,反其所自生;⑦ 乐也者,乐其所自成。是故先王之制礼也以节事,修乐以道志。⑧ 故观其礼乐,而治乱可知也。蘧伯玉曰:"君子之人达。"⑨ 故观其器而知其工之巧,观其发⑩而知其人之知。故曰:"君子慎其所以与人者。"⑪

---

① 言天道教之至。
② 县鼓,大鼓。应鼓,小鼓。
③ 大明,日。月生于西,即言"月未望则载魄于西",盖新月之光面在西。
④ 言君于阼阶西向酌牺尊,夫人于西房之前东向酌罍尊。
⑤ 言君与夫人酌献之礼交相动于堂上。
⑥ 言县鼓、应鼓交相应于堂下。
⑦ 所自生,即本也。
⑧ 言礼以节制万事,乐以导达情志。
⑨ 言君子之为人无所不通达。
⑩ 发,发动所为。
⑪ 所以与人者,言与人交接之具。

礼器

太庙之内敬矣。君亲牵牲,大夫赞币而从。^①君亲制祭,^②夫人荐盎。君亲割牲,夫人荐酒。卿大夫从君,命妇从夫人。洞洞乎其敬也,属属乎其忠也,勿勿乎其欲其飨之也。^③纳牲诏于庭,血毛诏于室,羹定诏于堂。^④三诏皆不同位,盖道^⑤求而未之得也。设祭于堂,为祊乎外。^⑥故曰:"于彼乎?于此乎?"^⑦

一献质,三献文,五献察,七献神。^⑧

大飨,其王事与!三牲鱼腊,四海九州之美味也。笾豆之荐,四时之和气也。^⑨内金,示和也。^⑩束

---

① 言赞佐执币而从。
② 言杀牲已毕,君亲制定其多少。
③ 洞洞,质悫之貌。属属,专一之貌。勿勿,犹勉勉也。
④ 诏,告神。纳牲,言牲自外至而纳之。血毛,言杀牲取血及毛以告神。羹,肉汁。定,熟肉。
⑤ 道,言。
⑥ 祊,bēng,祭之明日之绎祭。行之于庙门外之西旁,因名焉。
⑦ 此古语。言不知神之所在,故祭之于堂,又祭之于门外。
⑧ 察,显盛详著。神,言其洋洋乎如在。此就献之多寡,言有质、文、察、神之异。
⑨ 笾豆之荐,皆为地产,故言四时和气之所生。
⑩ 言诸侯所贡纳金以为庭实,示其柔和亲附。

帛加璧，尊德也。① 龟为前列，先知也。② 金次之，见情也。③ 丹漆、丝纩、竹箭，与众共财也。其余无常货，各以其国之所有，则致远物也。其出也，《肆夏》④而送之，盖重礼也。

祀帝于郊，敬之至也。宗庙之祭，仁之至也。丧礼，忠之至也。备服器，⑤仁之至也。宾客之用币，义之至也。故君子欲观仁义之道，礼其本也。

君子曰："甘受和，白受采，⑥忠信之人可以学礼。苟无忠信之人，则礼不虚道。⑦是以得其人之为贵也。"

孔子曰："诵《诗》三百，不足以一献。⑧一献之礼，不足以大飨。大飨之礼，不足以大旅。大旅

---

① 玉以比德。
② 言龟于众物居前列，先其可以知吉凶。
③ 言金次龟之后，以其能照物，露见其情。
④ 《肆夏》，乐名。
⑤ 言吉凶之礼，所用服器，唯求其备。
⑥ 言甘可受五味之和，白可受五色之采。
⑦ 道，行。虚道，言凭空而行。
⑧ 言诵《诗》虽多而不学礼，不足以行至简之礼。

礼器

具矣,不足以飨帝。^①毋轻议礼!"

子路为季氏宰。季氏祭,逮闇而祭,日不足,继之以烛。虽有强力之容,^②肃敬之心,皆倦怠矣。有司跛倚以临祭,^③其为不敬大矣。他日祭,子路与。室事交乎户,堂事交乎阶,^④质明而始行事,晏朝而退。^⑤孔子闻之,曰:"谁谓由也而不知礼乎?"

---

① 皆言习于小者,不足以行较大之礼。旅,众。大旅,国有大故,乃旅众神而祈之。飨帝,祭天。
② 言壮强有力之容。
③ 言偏跛邪倚而临祭事。
④ 室事、堂事,言有事于室、有事于堂。交,执事者内外异位,上下异等,故有交代之事。
⑤ 质,正。质明,天明时。晏,晚。晏朝,朝正向晚。

学记 [1]

发虑宪,求善良,足以谀闻,不足以动众。[2]就贤体远,足以动众,未足以化民。[3]君子如欲化民成俗,其必由学乎!

玉不琢,不成器;人不学,不知道。是故古之王者建国君民,教学为先。《兑命》曰:"念终始典于学。"[4]其此之谓乎!

---

[1] 以其记兴学施教之义。
[2] 宪,法。谀,xiǎo,小。动众,言师役之事。一说,动众,感动众人。言发己之所虑与己之所法,求人之善与人之良者,足以小有声闻,而不足以动众。
[3] 就贤,言躬下贤者。体远,言体其远大者而行之。化,教而化之。
[4] 兑,当为"说",yuè。下同。《说命》,《尚书》篇名。典,常。言始而自学,学也;继而教人,亦学。一念终始常在于学,无少间断。

学记

虽有嘉肴，弗食，不知其旨也；虽有至道，弗学，不知其善也。是故学然后知不足，教然后知困。知不足，然后能自反也；知困，然后能自强也。①故曰"教学相长"也。②《兑命》曰："学学半。"③其此之谓乎！

古之教者，家有塾，党有庠，术有序，国有学。④比年入学，中年考校。⑤一年视离经辨志，三年视敬业乐群，五年视博习亲师，七年视论学取友，谓之"小成"。⑥九年知类通达，强立而不反，谓之"大成"。⑦夫然后足以化民易俗，近者说服而远者怀

---

① 自反，求诸己。自强，修业不敢怠。
② 言教学相得而互有进益。
③ 上"学"字，《说命》作"斅"，xiào，教。言教人与学问，为相成之两半，即上"教学相长"意。
④ 术，通"遂"。据《周礼》，五百家为党，万二千五百家为遂。庠、序，皆学名。
⑤ 比年，每年。中年，间岁，即隔年。言年年恒入学，间岁而考校其艺。
⑥ 此言所以考校之条件。离经，言离析经之章句。辨志，言辨认志向。敬业，言专心致志以事其业。乐，yào，好之。乐群，言爱好其群。博习，言广博学习。亲师，言亲爱其师。论学，言论说学业。取友，言所取友朋。小成，言学小有成。
⑦ 知类通达，言能触类而通。强立不反，言能坚定而不为物所移，又无所违失。大成，言学大成。

之,此大学之道也。《记》曰:"蛾子时术之。"① 其此之谓乎!

大学始教,皮弁祭菜,②示敬道也。宵雅肄三,官其始也。③入学鼓箧,孙其业也。④夏、楚二物,收其威也。⑤未卜禘,不视学,游其志也。⑥时观而弗语,存其心也。⑦幼者听而弗问,学不躐等也。此七者,教之大伦⑧也。《记》曰:"凡学,官先事,士

---

① 记,旧记之言。蛾,yǐ,通"蚁",蚂蚁。术,传习。言蚁子时时术学衔土之事,而成大垤。此以喻学者时时学问,而大有成。
② 皮弁,冠。祭菜,以芹藻之属祭先圣先师。
③ 宵,通"小"。官,治,训练管束之谓。言令习《小雅》之三章,所以训练管束其情志于其始。一说,宵,如字,言夜间令肄习三章之《雅》。又一说,雅训"常",三为"再三"之义,言夜间常习其业至再至三。
④ 鼓箧,言击鼓警众,众即发箧出书。孙,通"逊",恭顺。言使恭顺其所治业。
⑤ 夏,通"榎",木名。楚,荆。二者所以扑挞。收其威,言使收敛其威仪。
⑥ 禘,大祭,据《王制》,在于夏。言未经夏禘,不考校学者之业,所以使学者优柔餍饫,自得其志。
⑦ 时,当其时。观,示。言当其时则有以示之,而不叮咛告语,所以使之悱悱愤愤,然后启发。
⑧ 大伦,大理。

学记

先志。"① 其此之谓乎！

大学之教也，时教必有正业，退息必有居学。②不学操缦，不能安弦；③不学博依，不能安诗；④不学杂服，不能安礼。⑤不兴其艺，不能乐学。⑥故君子之于学也，藏焉，修焉，息焉，游焉。⑦夫然，故安其学而亲其师，乐其友而信其道。是以虽离师辅而不反。⑧《兑命》曰："敬孙务时敏，厥修乃来。"⑨其此之谓乎！

---

① 言已仕者则先其职事，未仕者则观其志之如何。一说，官，居学而为官者，即教者。言教者以克尽其职事为先。
② 时教，言师按时设教。正业，即时教之所教，若春诵夏弦，春秋教以礼乐，冬夏教以诗书是也。退息，言学者退而暂休。居学，退居之所学，若下文所称者。
③ 缦，杂声之和乐者。言学琴瑟不先为杂弄，则不能安正其弦。
④ 博依，广譬喻。一说，依，隐，所谓隐语。又一说，博依，于声之清浊高下，能一一依于声律。言不先习博依，则不能安善歌诗。
⑤ 杂服，言如洒扫、应对、投壶、沃盥等细碎之事。言不学杂服，则不能安善于礼。
⑥ 艺，礼、乐、射、御、书、数及杂艺。言不兴艺，则不能使学者乐于其学。
⑦ 言守而勿失者，学也。勤而习之者，学也。乃至休息闲游，亦无不在学之中。
⑧ 辅，友。不反，言无所违失。
⑨ 言存心敬逊，无欲速之患，又务时敏，无自怠之失，所修之业乃得成。

今之教者，呻其占毕，多其讯言，及于数进而不顾其安，①使人不由其诚，教人不尽其材，其施之也悖，其求之也佛。②夫然，故隐其学③而疾其师，苦其难而不知其益也。虽终其业，其去之必速。④教之不刑，⑤其此之由乎！

大学之法，禁于未发⑥之谓豫，当其可⑦之谓时，不陵节而施之谓孙，⑧相观而善之谓摩。⑨此四者，教之所由兴也。

发然后禁，则扞格而不胜；⑩时过然后学，则勤

---

① 呻，吟。占，视。毕，书简。呻其占毕，言吟其所视之书简。多其讯言，言徒多讯问之言。数，shuò，频，烦。及于数进而不顾其安，言至于频数进而言之问之，而不顾学者之安否。一说，"多其讯"为一读，言多所讯问。"言及于数"为一读，数，法象，言出言往往谓有所法象。"进而不顾其安"为一读，言务令进而诵习，不顾其安习否。
② 求之，致望于学者。佛，通"拂"，违戾。
③ 隐其学，以其学为幽隐难知。
④ 言虽毕其业，亡去必疾速。
⑤ 刑，犹成也。一说，刑，仪刑，言教不足为人之仪刑。
⑥ 禁于未发，言涉恶之端未萌，豫为防闲。
⑦ 言适当其可告可教之时。
⑧ 陵，越。节，如竹之节，恰当其处。孙，通"逊"，顺。言不越学程而施教之谓顺。
⑨ 言互相观感而共臻于善之谓研摩。
⑩ 言相抵拒而有所不胜。

苦而难成；杂施而不孙，则坏乱而不修；① 独学而无友，则孤陋而寡闻；燕朋逆其师；② 燕辟废其学。③ 此六者，教之所由废也。

君子既知教之所由兴，又知教之所由废，然后可以为人师也。故君子之教，喻也，④ 道而弗牵，强而弗抑，开而弗达。⑤ 道而弗牵则和，强而弗抑则易，开而弗达则思。和易以思，可谓善喻矣。

学者有四失，教者必知之。人之学也，或失则多，或失则寡，或失则易，或失则止。⑥ 此四者，心之莫同也。知其心，然后能救其失也。教也者，长善而救其失者也。

善歌者使人继其声，善教者使人继其志。其言

---

① 言教法坏乱，不可复修习。
② 燕，昵狎。言狎于朋友，则违逆师之教道。
③ 辟，邪辟。一说，辟，通"譬"，譬喻，言学者对于师之譬喻好为狎笑，则是废学之道。
④ 喻，晓。言教于学者，能令自契。
⑤ 道，通"导"。牵，强引。强，勉之使勤奋。抑，挤排之。开，开发其端绪。达，送致之。
⑥ 多，言务博。寡，言务狭。易，言视所业为轻易。止，言自画而不精究。云"则"者，盖多、寡、易、止有时为当然，惟一于此，则失之矣。

也,约而达,微而臧,①罕譬而喻,可谓继志矣。②

君子知至学之难易,而知其美恶,然后能博喻。③能博喻然后能为师,能为师然后能为长,能为长然后能为君。故师也者,所以学为君也。④是故择师不可不慎也。《记》曰:"三王四代唯其师。"⑤此之谓乎!

凡学之道,严师为难。⑥师严然后道尊,道尊然后民知敬学。是故君之所不臣于其臣者二:当其为尸,则弗臣也;⑦当其为师,则弗臣也。大学之礼,虽诏于天子,无北面,⑧所以尊师也。

善学者师逸而功倍,又从而庸之;⑨不善学者师勤而功半,又从而怨之。善问者如攻坚木,先其易

---

① 臧,善。言教者之言渊深粹美。
② 言能如上之所称,则可谓能使人继志者。
③ 学有精粗,故至有难易。美恶,诸说之是非。博喻,广博晓喻。
④ 君有教人之道,惟师亦然,故云尔。
⑤ 三王,言夏、殷、周。四代,则加虞。唯其师,言无不以择师为重。
⑥ 严师,言师教之严。严师为难,言严师之难其人。
⑦ 盖以尸为神之所凭依。
⑧ 诏,告。言虽天子至尊,当告授之时,亦不使师北面。
⑨ 庸,功。庸之,言以己之成,归功于师。

者，后其节目，及其久也，相说以解。① 不善问者反此。善待问者如撞钟，叩之以小者则小鸣，叩之以大者则大鸣，待其从容，然后尽其声。② 不善答问者反此。此皆进学之道也。

记问之学，③ 不足以为人师。必也其听语乎！④ 力不能问，然后语之。语之而不知，虽舍之⑤可也。

良冶之子必学为裘。⑥ 良弓之子必学为箕。⑦ 始驾马者反之，车在马前。⑧ 君子察于此三者，可以有志于学矣。

古之学者，比物丑⑨类。鼓无当于五声，五声

---

① 说，通"脱"。相说以解，言坚木离析分解。
② 从，读如"舂"。从容，"重"字之缓读。言待其重撞，然后尽其声。校订者按，郑玄云："从，读如'富父舂戈'之'舂'。舂容，谓重撞击也。"
③ 言其学得之记诵问询者。
④ 言其能听学者所问而告之者，方足以为人师。
⑤ 舍之，言暂使舍此，待后当其可，更语之。
⑥ 良冶能陶融金铁，以补治破器。其子习见之，故自能类推而补合兽皮以成裘。
⑦ 良弓能挠屈角干，调和而成弓。其子习见之，故自能类推而挠织柳条以成箕。
⑧ 言始驾之驹反驾于车后，所以使其习而不惊。
⑨ 丑，犹比也。

弗得不和;① 水无当于五色,五色弗得不章;② 学无当于五官,五官弗得不治;③ 师无当于五服,五服弗得不亲。④

君子曰:"大德不官,大道不器,大信不约,大时不齐。⑤ 察于此四者,可以有志于学矣。"⑥

三王之祭川也,皆先河而后海,或源也,或委也。⑦ 此之谓务本。

---

① 言鼓于宫、商、角、徵、羽五声俱不相当,然五声不得鼓则不和。
② 言五色画缋,不得水则不明显。
③ 五官,耳、目、口、鼻、心。言五官非学则不得其正。
④ 五服,斩衰至缌麻之亲。言苟无师则五服不相和亲。
⑤ 不官,不拘于所守。不器,不拘于所用。不约,不拘于所期。不齐,不拘于所遇。
⑥ 言不官、不器、不约、不齐,却为官、器、约、齐之本,知乎此,则知人以学为本。
⑦ 委,众流所聚。言或先祭其源,或后祭其委。

乐记①

凡音之起,由人心生也。人心之动,物使之然②也。感于物而动,故形于声。③声相应,故生变,④变成方,谓之音。⑤比音而乐之,及干戚羽旄,谓之乐。⑥

乐者,音之所由生也,⑦其本在人心之感于物

---

① 以其记乐之义。惟篇中多与礼互言之,则以广义言之,礼乐之本固同,其用亦同。
② 物使之然,言外物感之。
③ 言心之动形见于声。
④ 言声之宣达,自然有高下清浊,如相应答,此所以有变化而不恒一声。
⑤ 方,文章。言变化而成文章,则谓乐音。
⑥ 干,盾。戚,斧。武舞所执。羽,翟羽。旄,旄牛尾。文舞所执。言次比乐音而播于乐器,并取舞具鼓而舞之,乃谓之乐。
⑦ 言乐由比音而生。

礼记

也。是故其哀心感者,其声噍以杀;①其乐心感者,其声啴②以缓;其喜心感者,其声发以散;③其怒心感者,其声粗以厉;其敬心感者,其声直以廉;④其爱心感者,其声和以柔。六者非性也,感于物而后动。是故先王慎所以感之者。故礼以道⑤其志,乐以和其声,政以一其行,刑以防其奸。礼乐刑政,其极⑥一也,所以同民心而出治道⑦也。

凡音者,生人心者也。情动于中,故形于声。声成文,⑧谓之音。是故治世之音安以乐,其政和;乱世之音怨以怒,其政乖;亡国之音哀以思,其民困。声音之道,与政通矣。宫为君,商为臣,角为民,徵为事,羽为物。五者不乱,则无怗懘之音矣。⑨宫乱则荒,其君骄;商乱则陂,其官坏;角乱

---

① 噍,jiāo,踧急。杀,shài,言音不盛大。
② 啴,chǎn,宽缓。
③ 发以散,言发扬放散,无所阻抑。
④ 直以廉,言正直而有廉隅。
⑤ 道,通"导",引导。
⑥ 极,至。
⑦ 出治道,言治道由四者而出。
⑧ 声成文,即上文所谓"成方"。
⑨ 五者,君、臣、民、事、物。怗,zhān,敝。懘,chì,败。

则忧,其民怨;徵乱则哀,其事勤;羽乱则危,其财匮。① 五者皆乱,迭相陵,谓之慢。如此,则国之灭亡无日矣。郑卫之音,乱世之音也,比②于慢矣。桑间濮上之音,亡国之音也。③ 其政散,其民流,④诬上行私而不可止也。

凡音者,生于人心者也;乐者,通伦理者也。是故知声而不知音者,禽兽是也;知音而不知乐者,众庶是也。唯君子为能知乐。是故审声以知音,审音以知乐,审乐以知政,而治道备矣。是故不知声者,不可与言音;不知音者,不可与言乐。知乐,则几于礼矣。礼乐皆得,谓之有德。德者,得也。

是故乐之隆,非极音也;食飨之礼,非致味也。⑤《清庙》之瑟,朱弦而疏越,壹倡而三叹,有

---

① 陂,不平正。勤,劳困。危,不安。言五者之道乱,则其音应之而荒、陂、忧、哀、危。
② 比,近。
③ 言濮水之上,地有桑间者,其音乃亡国之音。一说,濮上桑间地相近而乐异:濮上之音,乃卫灵公于濮上所闻,命师涓写之者;桑间之音,乃《诗·卫风·桑中》。
④ 散,荒散。流,流亡。
⑤ 言乐之隆非欲极声音之铿锵,食飨之礼非欲致滋味之甘美。

遗音者矣。① 大飨之礼，尚玄酒而俎腥鱼，大羹不和，有遗味者矣。② 是故先王之制礼乐也，非以极口腹耳目之欲也，将以教民平好恶而反人道之正也。

人生而静，天之性也。感于物而动，性之欲也。③ 物至知知，然后好恶形焉。④ 好恶无节于内，知诱于外，不能反躬，天理灭矣。⑤ 夫物之感人无穷，而人之好恶无节，则是物至而人化物⑥也。人化物也者，灭天理而穷人欲者也。于是有悖逆诈伪之心，有淫泆作乱之事。是故强者胁弱，众者暴寡，知者诈愚，勇者苦怯，疾病不养，老幼孤独不得其所。此大乱之道也。

---

① 《清庙》之瑟，言歌《清庙》之诗所弹之瑟。朱弦，言练朱丝为弦，练则声浊。越，言瑟底孔。疏越，疏通之使声迟。既浊且迟，则是质素之声。壹倡而三叹，言倡发歌句而三人从叹之。遗音，言音有所遗，非极其铿锵。
② 大飨，祫祭先王。尚玄酒，以水为最尊。俎腥鱼，以腥鱼实俎。大羹不和，言肉羹不以盐菜和之。遗味，言味有所遗，非致其甘美。
③ 言性之中自有此欲。
④ 至，来。知知，言知而又知，如既知声色又知清浊美丑。言物来吾前而知知，故有好恶。
⑤ 言好恶恣己之情，外为欲之所诱，不能自反而克制之，则天性灭绝。
⑥ 人化物，言人化于物。

乐记

是故先王之制礼乐，人为之节。① 衰麻哭泣，所以节丧纪也；钟鼓干戚，所以和安乐也；昏姻冠笄，② 所以别男女也；射乡食飨，③ 所以正交接也。礼节民心，乐和民声，政以行之，刑以防之。礼乐刑政，四达而不悖，则王道备矣。

乐者为同，礼者为异。④ 同则相亲，异则相敬。乐胜则流，礼胜则离。⑤ 合情饰貌者，礼乐之事也。⑥ 礼义立，则贵贱等矣；乐文同，则上下和矣；好恶著，则贤不肖别矣；刑禁暴，爵举贤，则政均矣。仁以爱之，义以正之。如此，则民治行矣。

乐由中出，礼自外作。乐由中出，故静；礼自外作，故文。大乐必易，大礼必简。⑦ 乐至则无怨，礼至则不争。揖让而治天下者，礼乐之谓也。暴民不作，诸侯宾服，兵革不试，五刑不用，百姓无

---

① 言为人节其好恶之情。
② 言男二十而冠，女许嫁而笄，成人之礼。
③ 皆礼仪之名。
④ 同，言其和协。异，言其分辨。
⑤ 胜，过。流，流慢而无敬。离，离析而不亲。
⑥ 言合其情使不离，饰其貌使不流，宜礼乐并用。
⑦ 易，和易。简，简朴。

患，天子不怒。如此，则乐达矣。合父子之亲，明长幼之序，以敬四海之内。天子如此，则礼行矣。

大乐与天地同和，大礼与天地同节。和，故百物不失；①节，故祀天祭地。明则有礼乐，幽则有鬼神。如此，则四海之内合敬同爱②矣。礼者，殊事合敬者也；③乐者，异文合爱者也。④礼乐之情同，故明王以相沿也。⑤故事与时并，⑥名与功偕。

故钟鼓管磬，羽籥⑦干戚，乐之器也；屈伸俯仰，缀兆舒疾，⑧乐之文也。簠簋俎豆，制度文章，礼之器也；升降上下，周还裼袭，⑨礼之文也。故知礼乐之情者能作，识礼乐之文者能述。作者之谓

---

① 不失，不失其性。
② 合敬同爱，言会合其敬，齐同其爱。
③ 言尊卑有别，礼数互异，殊也，然而所以合敬则一。
④ 言声音殊调，异也，然而所以合爱则一。
⑤ 言礼主敬，乐主和，似异，而其致治之情实同；故明王以相沿承，因时损益。
⑥ 言所为适当其时。
⑦ 羽、籥，文舞所执。
⑧ 屈伸俯仰，言舞者之态。缀，表，以表舞者之行列。兆，域，舞者进退所至。舒疾，言乐舞之节奏。
⑨ 还，通"旋"。周还，言行礼周曲回旋。裼，言袒上衣而露裼。袭，言掩上衣。礼盛者尚质则袭，不盛者尚文则裼。

圣，述者之谓明。明圣者，述作之谓也。

乐者，天地之和也；礼者，天地之序也。和，故百物皆化；序，故群物皆别。乐由天作，礼以地制。① 过制则乱，过作则暴。② 明于天地，然后能兴礼乐也。

论伦无患，乐之情也；欣喜欢爱，乐之官也。③ 中正无邪，礼之质也；庄敬恭顺，礼之制也。若夫礼、乐之施于金石，越于声音，用于宗庙社稷，事乎山川鬼神，则此所与民同也。④

王者功成作乐，治定制礼。其功大者其乐备，其治辩⑤者其礼具。干戚之舞，非备乐也；孰亨而祀，非达礼也。⑥ 五帝殊时，不相沿乐；三王异世，不相袭礼。乐极则忧，礼粗则偏矣。⑦ 及夫敦乐而无

---

① 言制作法天地。
② 过制、过作，言不法天地不明和、序而妄为。
③ 论，言乐之情文皆得而论。伦，等伦。无患，无相毁害。官，犹事也。
④ 言先王本质、制以制礼，本情、官以制乐，盖其独知者。而后施于金石，……则与民同之。
⑤ 辩，通"遍"，周遍。
⑥ 言干戚之舞止武耳，无有文德，故非备乐；熟烹而祀止后世之法耳，不同太古，故非达礼。
⑦ 极，好之而至于荒淫。粗，病其繁而趋简略。偏，言不周备。

忧，礼备而不偏者，其唯大圣乎！

天高地下，万物散殊，而礼制行矣。①流而不息，合同而化，而乐兴焉。②春作夏长，仁也；秋敛冬藏，义也。仁近于乐，义近于礼。乐者敦和，率神而从天；礼者别宜，居鬼而从地。③故圣人作乐以应天，制礼以配地。礼乐明备，天地官矣。④

天尊地卑，君臣定矣。卑高已陈，⑤贵贱位矣。动静有常，小大殊矣。⑥方以类聚，物以群分，则性命不同矣。⑦在天成象，在地成形。如此，则礼者天地之别也。⑧地气上齐，⑨天气下降，阴阳相摩，天地相荡，鼓之以雷霆，奋之以风雨，动之以四时，

---

① 言天高地下，万物散殊，即自然之礼制。
② 言天地之和气流动不息，会合齐同而变化之际，自然之乐即兴焉。
③ 率，循。从，顺。居，言居其所好，亦循之。
④ 言天地各得其所。
⑤ 卑，言泽。高，言山。言山、泽列于天地之间。
⑥ 动，言天道。静，言地道。言动静有常，则大小诸物各顺其性，成其各殊之生。
⑦ 方，言行虫，禽兽之属。类，言殖生者，草木之属。一说，方以类聚，言中国、蛮、夷、戎、狄之民各以类聚。物以群分，言飞潜动植之物各以群分。言所以然者，则因所赋之性、所受之命不同。
⑧ 言礼之殊别，本于天地之分别。
⑨ 齐，通"跻"，升。

暖之以日月，而百化兴焉。如此，则乐者天地之和也。①

化不时则不生，男女无辨则乱升，天地之情也。及夫礼乐之极乎天而蟠乎地，行乎阴阳而通乎鬼神，穷高极远而测深厚。②乐著大始，而礼居成物。③著不息者天也，著不动者地也。一动一静者，天地之间也。④故圣人曰礼乐云。⑤

昔者舜作五弦之琴以歌《南风》，夔⑥始制乐以赏诸侯。故天子之为乐也，以赏诸侯之有德者也。德盛而教尊，五谷时熟，然后赏之以乐。故其治民劳者，其舞行缀远；其治民逸者，其舞行缀短。⑦故

---

① 言乐之和盖法象天地之和。
② 此极言礼、乐之通乎天地，往来不息，变化无方。
③ 著，显。大始，物之始。成物，形之终。
④ 言显示运生不息者天，默示静定不动者地，而参错动静者，天地间之百物。
⑤ 言圣人以为天地之生物成物，动静变化，无非礼、乐。
⑥ 夔，舜时典乐之官。
⑦ 言民劳则君德薄，赏之以乐时，舞人行缀相去远，以人数少。民逸则君德盛，赏之以乐时，舞人行缀相去近，以人数多。一说，治民劳言君之勤，治民逸言君之荒，行缀远言德隆乐盛，行缀短言德薄乐杀。

观其舞,知其德;闻其谥,知其行也。《大章》,① 章之也。《咸池》,备矣。②《韶》,继也。③《夏》,大也。④ 殷周之乐尽矣。

天地之道,寒暑不时则疾,风雨不节则饥。教者,民之寒暑也,教不时则伤世;事者,民之风雨也,事不节则无功。然则先王之为乐也,以法治也,善则行象德矣。⑤

夫豢豕为酒,非以为祸也,而狱讼益繁,则酒之流生祸也。是故先王因为酒礼。壹献之礼,宾主百拜,⑥ 终日饮酒而不得醉焉,此先王之所以备酒祸也。故酒食者,所以合欢也;乐者,所以象德也;礼者,所以缀淫⑦也。是故先王有大事,⑧ 必有礼以

---

① 《大章》,尧乐。
② 《咸池》,黄帝乐,至尧而增修之。咸,皆。池,施,言黄帝之德皆施被于天下,无不周遍,故云备。
③ 《韶》,舜乐。言舜之德能继绍于尧。
④ 《夏》,禹乐。大,言能大尧、舜之德。
⑤ 以法治,言以法象寒暑、风雨等为治。善则行象德,言乐善则民之行法象君之德。
⑥ 壹献,酒止一献,言其少。百拜,言拜数多。
⑦ 缀淫,缀止淫过。
⑧ 大事,死丧。

哀之；有大福，必有礼以乐之。哀乐之分，皆以礼终。乐也者，圣人之所乐也，而可以善民心，其感人深，其移风易俗，故先王著其教焉。

夫民有血气心知之性，而无哀乐喜怒之常，应感起物而动，然后心术形焉。① 是故志微、噍杀②之音作，而民思忧；啴谐、慢易、繁文、简节③之音作，而民康乐；粗厉、猛起、奋末、广贲④之音作，而民刚毅；廉直、劲正⑤、庄诚之音作，而民肃敬；宽裕、肉好⑥、顺成、和动之音作，而民慈爱；流辟、邪散、狄成、涤滥⑦之音作，而民淫乱。

是故先王本之情性，稽之度数，制之礼义，合生气之和，道五常之行，⑧使之阳而不散，阴而不

---

① 言内心之应感起于外物，于是动其念虑，而心之所由显见。下文即言"心术形焉"之事。
② 言人君志意微细，乐声急蹙不盛大。
③ 言人君之德宽和疏易，其乐多文采而节奏简略。
④ 奋末，言奋动四肢。粗厉、猛起、奋末，指人君之志态言。贲，fén，大。
⑤ 廉直、劲正，言人君之德。
⑥ 肉，言厚重。宽裕、肉好，亦言人君之德。
⑦ 流辟、邪散，言人君之志流荡放辟，偏邪散乱。狄、涤，往来疾速貌。狄成、涤滥，言乐之节奏急速而成，急速而止，泛滥无归。
⑧ 五常，五行。言制乐裁制人情，使合生气之和，道达人情依乎五常之行。

密,刚气不怒,柔气不慑,①四畅交于中而发作于外,皆安其位而不相夺也。②然后立之学等,③广其节奏,省其文采,④以绳德厚,⑤律小大之称,比终始之序,⑥以象事行,使亲疏、贵贱、长幼、男女之理皆形见于乐。故曰:"乐观其深矣。"⑦

土敝则草木不长,水烦⑧则鱼鳖不大,气衰则生物不遂,世乱则礼慝而乐淫。是故其声哀而不庄,乐而不安;慢易以犯节,流湎以忘本;广则容奸,狭则思欲;⑨感条畅之气⑩,而灭平和之德。是以君子贱之也。

---

① 阳主发动,失为流散;阴主幽静,失为闭塞。不散、不密,则中正无失。刚不怒,柔不慑,意亦类此。
② 言阴阳刚柔四者通畅交于身中,而表见于身外,则各得其所,不相侵犯。
③ 言依其才艺等级而教学之。
④ 广,言增习之。省,审。文采,言乐之宫商。一说,文采恶其杂,故言省。
⑤ 绳,度。言准度以道德仁厚。一说,言如上所云,所以绳其德。
⑥ 言按律之小大,以为乐器,使音声相称,又排次五声终始,使有次序。
⑦ 言惟观于乐,则志德事为之深蕴皆可得而见。
⑧ 烦,烦扰。
⑨ 广、狭,言音节之缓急。容奸,言有奸淫之声。思欲,言思其情欲。
⑩ 言感伤天地间条达舒畅之气。

乐记

凡奸声感人而逆气应之,逆气成象①而淫乐兴焉。正声感人而顺气应之,顺气成象而和乐兴焉。倡和有应,回邪曲直各归其分,而万物之理各以其类相动也。②是故君子反情以和其志,比类以成其行。③奸声乱色不留聪明,淫乐慝礼不接心术,惰慢邪辟之气不设于身体,④使耳目鼻口心知百体皆由顺正以行其义。

然后发以声音,而文以琴瑟,动以干戚,饰以羽旄,从以箫管,奋至德之光,动四气之和,以著万物之理。是故清明象天,广大象地,⑤终始象四时,周还象风雨,五色成文而不乱,八风从律而不奸,百度得数而有常,⑥小大相成,终始相

---

① 成象,言形成表显于外之象征。
② 倡,如奸声正声。和,如逆气顺气。回邪曲直各归其分,言乖违邪辟及曲与直,其表显于乐,各如其分。由此推之,可见万物之情理,各以其类自相感动。
③ 反情,反去淫过之情。比类,比拟善类。一说,情,为性之欲。反情,所以复其性。比类,所以别其等。
④ 不留聪明,言不使停留于耳目。不设,言不使有所设施。
⑤ 清明,言人声;广大,言钟鼓。一说:清明,言乐之声;广大,言乐之体。
⑥ 五色,五声色。五声之节奏,合为文采,故言五色成文。八风,言八音。律,十二律吕。百度,言一切之度数。

生,① 倡和清浊,迭相为经。故乐行而伦清,耳目聪明,血气和平,移风易俗,天下皆宁。

故曰:"乐者,乐也。"君子乐得其道,小人乐得其欲。以道制欲,则乐而不乱;以欲忘道,则惑而不乐。是故君子反情以和其志,广乐以成其教,乐行而民乡方,可以观德矣。② 德者,性之端也;乐者,德之华也;③ 金石丝竹,乐之器也。诗,言其志也;歌,咏其声也;舞,动其容也。三者本于心,然后乐器从之。是故情深而文明,气盛而化神,和顺积中而英华发外,唯乐不可以为伪。

乐者,心之动也;声者,乐之象也;④ 文采节奏,声之饰也。君子动其本,乐其象,然后治其饰。⑤ 是故先鼓以警戒,⑥ 三步以见方,⑦ 再始以著

---

① 小大相成,言十二月律互为宫羽而相成。终始相生,言五行宫商迭相用为终始。
② 乡,通"向",归向。方,犹道也。德,君子之德。
③ 端,见端。华,英华。
④ 乐本无体,由声而见,故言声为乐之象。
⑤ 言情动于中,乐其声音,然后治其文采节奏。
⑥ 言作乐之始,先击鼓以警戒于众。
⑦ 方,方将欲舞。一说,方,舞之位,言将舞之时,先行三步,以就舞位。

往,① 复乱以饬归,② 奋疾而不拔,③ 极幽而不隐。④ 独乐其志,不厌其道。备举其道,不私其欲。⑤ 是故情见而义立,乐终而德尊,君子以好善,小人以听过。⑥ 故曰:"生民之道,乐为大焉。"

乐也者,施也;礼也者,报也。乐,乐其所自生,而礼反其所自始。乐章德,礼报情反始也。

所谓大辂者,天子之车也;龙旗九旒,天子之旌也;青黑缘者,天子之宝龟也;⑦ 从之以牛羊之群。则所以赠诸侯也。

乐也者,情之不可变者也;礼也者,理之不可易者也。乐统同,礼辨异。礼乐之说,管⑧乎人情矣。

穷本知变,乐之情也;著诚去伪,礼之经也。

---

① 再始,言每曲一终,更发始为之,凡再更发始。著往,言以著明其为重奏。
② 乱,治。归,终结。言舞者复位整治,以谨饬其终。
③ 拔,甚疾。此言舞容。
④ 隐,敛闭。此言歌意。
⑤ 言所乐在志,不特在声,故能不厌其道,既举其道,则足以制欲,故言不私其欲。
⑥ 听过,言听乐而知其过。
⑦ 言以青黑色饰此龟。
⑧ 管,包举而统贯之。

礼记

礼乐偩①天地之情,达神明之德,降兴上下之神,而凝是精粗之体,②领③父子君臣之节。

是故大人举礼乐,则天地将为昭焉。④天地䜣合,阴阳相得,煦妪⑤覆育万物,然后草木茂,区萌达,⑥羽翼奋,⑦角觡⑧生,蛰虫昭苏,⑨羽者妪伏,毛者孕鬻,⑩胎生者不殰,而卵生者不殈,⑪则乐之道归焉耳。

乐者,非谓黄钟、大吕、弦歌、干扬⑫也,乐之末节也,故童者舞之。铺筵席,陈尊俎,列笾豆,以升降为礼者,礼之末节也,故有司掌之。乐

---

① 偩,fù,犹依象也。
② 凝,犹成也。是,正。精粗,言万物大小。
③ 领,犹治理也。
④ 昭焉,昭然而明。
⑤ 煦,气温之。妪,体护之。
⑥ 区,歧别。植物萌生,旋区为二,故云区萌。达,畅生。
⑦ 言飞鸟之属皆得奋动。
⑧ 觡,gé,兽角之有枝者。角觡,盖指牛羊之属。
⑨ 言蛰虫皆得昭晓苏息。
⑩ 鬻,通"育",生养。言卵生者孵伏,胎生者孕生。
⑪ 殰,dú,内败,言孕而败。殈,xù,裂,言卵坏。
⑫ 干,盾。扬,钺。武舞所执。

师辨乎声诗，故北面而弦。^①宗祝辨乎宗庙之礼，故后尸。^②商祝辨乎丧礼，故后主人。^③是故德成而上，艺成而下，行成而先，事成而后。^④是故先王有上有下，有先有后，然后可以有制于天下也。

魏文侯问于子夏曰："吾端冕而听古乐，则唯恐卧；听郑卫之音，则不知倦。敢问古乐之如彼，何也？新乐之如此，何也？"子夏对曰："今夫古乐，进旅退旅，^⑤和正以广，弦匏笙簧，会守拊鼓，^⑥始奏以文，复乱以武，^⑦治乱以相，讯疾以雅。^⑧君子于是语，于是道古，修身及家，平均天下。此古乐之发也。^⑨今夫新乐，进俯退俯，^⑩奸声以滥，溺而不

---

① 言乐师辨晓声诗，亦只乐之末节，故北面而鼓弦，位处卑。
② 后尸，言处尸之后，亦非尊位。
③ 商祝，专主丧礼者。言其位处主人之后，亦非尊位。
④ 上、下，言位。先、后，言序。行系于德，事由于艺。
⑤ 旅，犹俱也。进旅退旅，言其齐一。
⑥ 言弦匏笙簧诸器，必会合相守，待击拊鼓，然后作。
⑦ 文，言鼓。乱，卒章之节。武，言金铙。
⑧ 相，拊。讯，治。雅，乐器名。言以相治乐之乱而使之理，以雅治乐之疾而使之调。
⑨ 言以上诸事，皆古乐之所开发。
⑩ 言俯偻曲折，不能进退齐一。

止。及优侏儒獶杂子女，不知父子。^①乐终，不可以语，不可以道古。此新乐之发也。今君之所问者，乐也。所好者，音也。夫乐者，与音相近而不同。"

文侯曰："敢问何如？"子夏对曰："夫古者天地顺而四时当，民有德而五谷昌，疾疢不作而无妖祥，此之谓'大当'。然后圣人作，为父子君臣，以为纪纲。纪纲既正，天下大定。天下大定，然后正六律，和五声，弦歌诗颂，此之谓'德音'。德音之谓乐。《诗》^②云：'莫其^③德音，其德克明。克明克类，克长克君。^④王此大邦，克顺克俾。^⑤俾于文王，其德靡悔。^⑥既受帝祉，施^⑦于孙子。'此之谓也。今君之所好者，其溺音^⑧乎？"

文侯曰："敢问溺音何从出也？"子夏对曰：

---

① 獶，náo，猕猴。言作乐之时，俳优侏儒如猕猴之相杂，男女无别，不复知有父子尊卑之礼。
② 《诗·大雅·皇矣》之篇。下所引美王季之德。
③ 莫其，言莫然清静。
④ 克类，能明等类。克长，善教诲。克君，长治理。
⑤ 俾，通"比"，上下相亲。克俾，言能比方善事，择善而从。
⑥ 俾，通"比"，及，至。靡悔，无遗恨。
⑦ 施，yì，延。
⑧ 溺音，淫溺之音。

"郑音好滥淫志,宋音燕女溺志,卫音趋数烦志,齐音敖辟乔志。^①此四者,皆淫于色而害于德,是以祭祀弗用也。《诗》^②云:'肃雍和鸣,先祖是听。'夫肃肃,敬也;雍雍,和也。夫敬以和,何事不行?为人君者,谨其所好恶而已矣。君好之,则臣为之。上行之,则民从之。《诗》^③云:'诱民孔易。'^④此之谓也。然后圣人作为鞉、鼓、椌、楬、埙、篪,^⑤此六者,德音之音也。然后钟、磬、竽、瑟以和之,干、戚、旄、狄以舞之。此所以祭先王之庙也,所以献酬酳^⑥酢也,所以官序贵贱各得其宜也,所以示后世有尊卑长幼之序也。钟声铿,铿以立号,号以立横,横以立武。^⑦君子听钟声,则思

---

① 燕,安。数,shuò,烦。乔,高。言郑音好滥而使人之志淫,宋音安于女色而使人之志溺,卫音烦急而使人之志烦,齐音敖很邪辟而使人之志自高。
② 《诗·周颂·有瞽》之篇。
③ 《诗·大雅·板》之篇。
④ 诱,启导。孔,甚。
⑤ 鞉,táo,小鼓。椌,qiāng,形如木柜,击之以作乐。楬,qià,形同椌,击之以止乐。埙,xūn,烧土为之,锐上平底,吹之发声。篪,chí,竹制之八孔乐器。
⑥ 酳,yìn,献饮。
⑦ 铿以立号,言铿然之概,可以兴立号令。横,言壮气充满。

武臣。石声磬,磬以立辨,辨以致死。^①君子听磬声,则思死封疆之臣。丝声哀,哀以立廉,^②廉以立志。君子听琴瑟之声,则思志义之臣。竹声滥,滥以立会,会以聚众。^③君子听竽笙箫管之声,则思畜聚之臣。鼓鼙之声讙,讙以立动,动以进众。^④君子听鼓鼙之声,则思将帅之臣。君子之听音,非听其铿锵而已也,彼亦有所合之也。"^⑤

宾牟贾^⑥侍坐于孔子。孔子与之言及乐,曰:"夫《武》之备戒之已久,何也?"^⑦对曰:"病不得其众也。"^⑧"咏叹之,淫液之,^⑨何也?"对曰:"恐

---

① 磬,通"硁",kēng。磬以立辨,言硁然之概,可以分明辨别。辨以致死,言辨别分明,则能守节致死。
② 言闻哀声则人心收敛不放逸而有廉隅。
③ 滥,泛滥,言能广及于众。滥以立会,言竹声有广及之概,故能会众。
④ 讙,huān,喧哗。讙以立动,言喧然之概,可以使人奋动。
⑤ 言有所契合于心。
⑥ 宾牟贾,春秋时人。宾牟,复姓。贾,名。
⑦ 言周之《武》乐,先击鼓戒备其众,久乃作舞,是何意。
⑧ 言《武》乐象武王伐纣之事。备戒之已久,盖象当时武王忧不得士众之心,故鸣鼓以戒之,久乃出战。
⑨ 咏叹、淫液,言声歌之抑扬不绝。

不逮事也。"① "发扬蹈厉之已蚤,何也?"② 对曰:"及时事也。"③ "《武》坐,致右宪左,何也?"④ 对曰:"非《武》坐也。"⑤ "声淫及商⑥,何也?" 对曰:"非《武》音也。"⑦ 子曰:"若非《武》音,则何音也?" 对曰:"有司失其传也。若非有司失其传,则武王之志荒矣。"⑧ 子曰:"唯。丘之闻诸苌弘,⑨ 亦若吾子之言是也。"

宾牟贾起,免席而请曰:"夫《武》之备戒之已久,则既闻命矣。敢问迟之迟而又久,何也?"⑩

---

① 言以象武王当时恐惧不能成其伐纣之事。
② 言初舞之时,手足发扬蹈厉,此似太早,究何以。
③ 言以象武王当时之及时猛进。
④ 坐,跪。致,通"轻",低。宪,通"轩",起。言《武》舞何以忽有时而跪,右足低置,左足仰起。
⑤ 言《武》之事无坐。
⑥ 淫,贪。孔子述时人意谓乐中似有贪得商之心。一说,言其声淫,有似乎商之靡靡之音。
⑦ 言是非《武》乐之音。
⑧ 言典乐者失其传,时人遂妄说之。苟非如是,则是武王之志荒耄矣,而岂然哉?
⑨ 苌弘,周大夫。校订者按:苌弘的事迹略见于《国语·周语》。传说孔子曾经向苌弘问乐。
⑩ 问舞人何以久立于缀。

礼记

子曰:"居,吾语汝。夫乐者,象成①者也。摠干而山立,武王之事也;②发扬蹈厉,大公之志也;③《武》乱皆坐,周、召之治也。④且夫《武》,始而北出,再成而灭商,三成而南,四成而南国是疆,五成而分,周公左,召公右,六成复缀,以崇天子。⑤夹振之而驷伐,盛威于中国也。⑥分夹而进,事蚤济也。⑦久立于缀,以待诸侯之至也。⑧且女独未闻牧野之语⑨乎?武王克殷反商,⑩未及下车而封黄帝之后于蓟,封帝尧之后于祝,封帝舜之后于陈;下车而封

---

① 象成,言放象其成功。
② 言将舞之时,舞人总持干盾,正立如山,所以象武王严阵以伐纣。
③ 言始舞时发扬蹈厉,所以象太公威武鹰扬之志。
④ 乱,乐之卒章。言《武》舞歌至卒章,舞人皆坐,所以象周、召之治。
⑤ 此句就舞之诸态,言其所象之事。成,每奏《武》曲一终。南国是疆,言南方之国于是疆理。复缀,言复其缀所表之初位。
⑥ 此释上文四成。振,振旅。夹振之而驷伐,言八佾相夹,如驷马并行。以此疆理南国,岂不盛威于中国乎?
⑦ 此释上文五成。分夹而进,象周、召之相辅以治,事有不早济者乎?
⑧ 此释上文六成。言复缀而久立,象车书一统,万国来同之际,故云以待诸侯之至。
⑨ 牧野之语,言武王伐纣,至于商郊牧野之事。
⑩ 反商,言一反商之旧政。一说,"反"为"及"字之误。言及至商纣之都。

夏后氏之后于杞,投①殷之后于宋,封王子比干之墓,释箕子之囚,使之行商容②而复其位。庶民弛政,庶士倍禄。③济河而西,马散之华山之阳而弗复乘,牛散之桃林之野而弗复服,车甲衅④而藏之府库而弗复用,倒载干戈,⑤包之以虎皮,将帅之士使为诸侯,名之曰'建櫜'。⑥然后天下知武王之不复用兵也。散军而郊射,左射《狸首》,右射《驺虞》,而贯革之射息也。⑦裨冕搢笏,而虎贲之士说剑也。⑧祀乎明堂,而民知孝。朝觐,然后诸侯知所以臣。⑨耕

---

① 投,举徙之。
② 行,犹视也。商容,纣之贤臣,为纣所黜。
③ 言庶民苦于虐政者,使弛之;庶士仅受薄禄者,与之倍。
④ 衅,以牲血涂器,使不败坏。
⑤ 倒载干戈,言载还兵器,以刃向后,亦示弗复用。
⑥ 建,立。櫜,韬。言建立以上诸事,以示天下,使天下知韬武而用文。
⑦ 郊射,习射于郊学。左、右,东学、西学。《狸首》,逸诗。《驺虞》,《诗·召南》篇名。言习射于东学,歌《狸首》之诗以为节;习射于西学,歌《驺虞》之诗以为节。贯革之射,张甲铠而射之,所谓军射。息,废止。
⑧ 裨冕,衣裨衣而冠冕。裨衣,衮之属。搢笏,插笏。虎贲之士,奔走有力、猛厉如虎之勇士。说,通"脱"。脱剑,示偃武修文。
⑨ 所以臣,所以为臣之道。

藉，然后诸侯知所以敬。①五者，天下之大教也。食三老五更②于大学，天子袒而割牲，执酱而馈，执爵而酳，冕而摠干，③所以教诸侯之弟也。若此，则周道四达，礼乐交通，则夫《武》之迟久，不亦宜乎？"④乎？

君子曰：礼乐不可斯须去身。致乐以治心，则易直子谅之心油然生矣。⑤易直子谅之心生则乐，乐则安，安则久，久则天，⑥天则神。⑦天则不言而信，神则不怒而威，致乐以治心者也。⑧致礼以治躬则庄敬，庄敬则严威。心中斯须不和不乐，而鄙诈之心入之矣。外貌斯须不庄不敬，而易慢之心入之矣。故乐也者，动于内者也；礼也者，动于外者也。乐

---

① 藉，公田。言天子自耕藉田，以供粢盛，而后诸侯知所以敬其祖先之道。
② 三老五更，言老人更知三德（正直、刚、柔）五事（貌、言、视、听、思）者。
③ 言著冕持干而亲舞。
④ 言周之成功若其迟久，则所以象之《武》乐自宜迟久。
⑤ 致，研究其理。易，和易。直，正直。子，子爱。谅，诚信。
⑥ 言久而不易，则人信之如天。
⑦ 言既为人所信如天，又为人所畏如神。
⑧ 言所以能如此，由于致乐以治心。

极和,礼极顺。内和而外顺,则民瞻其颜色而弗与争也,望其容貌而民不生易僈①焉。故德辉②动于内而民莫不承听,理③发诸外而民莫不承顺。故曰:致礼乐之道,举而错之天下,无难矣。

乐也者,动于内者也;礼也者,动于外者也。故礼主其减,乐主其盈。④礼减而进,以进为文;乐盈而反,以反为文。⑤礼减而不进则销,⑥乐盈而不反则放。故礼有报而乐有反。⑦礼得其报则乐,乐得其反则安。礼之报,乐之反,其义一也。⑧

夫乐者,乐也,人情之所不能免也。乐必发于声音,形于动静,人之道也。⑨声音动静,性术之变

---

① 僈,通"慢",轻慢。
② 德辉,颜色润泽。
③ 理,容貌、态度。
④ 言礼之体主于减损,以撙节退让为本,乐之体主于盈满,以和顺充积为本。
⑤ 进,言自勉强。反,言自抑止。言礼以勉励于前进,乐以抑退而自反,而后成其文理。
⑥ 销,销衰。
⑦ 报,通"褒",犹进也。言行礼之道须自进,作乐之道须自反。
⑧ 言俱得其中。
⑨ 形,见。言心有所乐,则必发于咏歌嗟叹,表见于外貌,不知手之舞之,足之蹈之,此人道之自然。

尽于此矣。^①故人不耐无乐，乐不耐无形。形而不为道，不耐无乱。^②先王耻其乱，故制《雅》《颂》之声以道之，使其声足乐而不流，使其文足论而不息，^③使其曲直、繁瘠、廉肉、^④节奏足以感动人之善心而已矣，不使放心邪气得接焉。是先王立乐之方也。

是故乐在宗庙之中，君臣上下同听之，则莫不和敬；在族长乡里之中，长幼同听之，则莫不和顺；在闺门之内，父子兄弟同听之，则莫不和亲。故乐者，审一以定和，比物以饰节，节奏合以成文，^⑤所以合和父子君臣、附亲万民也。是先王立乐之方也。

故听其《雅》《颂》之声，志意得广焉；执其干戚，习其俯仰诎伸，容貌得庄焉；行其缀兆，要^⑥其节奏，行列得正焉，进退得齐焉。故乐者，

---

① 言性情心术之变化虽多，而声音、动静足以尽之。
② 耐，通"能"。道，通"导"。不为道，言不导之。
③ 文，乐之篇章。言使其文足以谈论义理而不销息。
④ 曲直，声音之回曲及放直。繁瘠，犹"繁省"，亦言声音。廉，清。肉，肥满，犹言重浊也。亦言声音。
⑤ 一，言律。物，金、石、丝、竹之属。言乐者，审律以定调和之音，比附诸物以饰音曲之节，节奏和合以成声音之文者。
⑥ 要，犹会也，合也。

天地之命,中和之纪,[1]人情之所不能免也。

夫乐者,先王之所以饰喜也;军旅铁钺者,先王之所以饰怒也。故先王之喜怒皆得其侪焉。[2]喜则天下和之,怒则暴乱者畏之。先王之道,礼乐可谓盛矣。

子赣见师乙[3]而问焉,曰:"赐闻声歌各有宜也。如赐者宜何歌也?"师乙曰:"乙,贱工也,何足以问所宜?请诵其所闻,而吾子自执[4]焉。〔爱者宜歌商温良而能断者宜歌齐夫歌者直己而陈德也动己而天地应焉四时和焉星辰理焉万物育焉故商者五帝之遗声也〕[5]宽而静、柔而正者[6]宜歌《颂》,广大而静、疏达而信者[7]宜歌《大雅》,恭俭而好礼者[8]宜歌《小雅》,正直而静、廉而谦者[9]宜

---

[1] 命,教命。纪,纲纪。
[2] 侪,犹辈、类也。下言"喜则天下和之,怒则暴乱者畏之",即言喜怒皆得人之同情。
[3] 师,乐官。乙,名。
[4] 执,犹处也。
[5] 括弧内系错简,宜在后。后之小字,系移正之次第。
[6] 言宽容而沉静,柔顺而正直者。
[7] 言宽广宏大而沉静,疏朗通达而诚信者。
[8] 言恭不过劳,俭不失陋,动中乎礼者。
[9] 言正直而守之以静,廉谨而守之以谦者。

歌《风》，肆直而慈爱者宜歌《商》，^①温良而能断者宜歌《齐》。^②夫歌者，直己而陈德也，^③动己^④而天地应焉，四时和焉，星辰理焉，万物育焉。故《商》者，五帝〔商〕之遗声也，商人识之，故谓之《商》。《齐》者，三代之遗声也，齐人识之，故谓之《齐》。明乎《商》之音者，临事而屡断。明乎《齐》之音者，见利而让。临事而屡断，勇也。见利而让，义也。有勇有义，非歌孰能保^⑤此？故歌者上如抗，下如队，曲如折，止如槀木，^⑥倨中矩，句中钩，^⑦累累乎端如贯珠。^⑧故歌之为言也，长言之也。说^⑨之，故言之；言之不足，故长言之；长言之不足，故嗟叹之；嗟

---

① 言性情肆放质直而慈爱者宜歌《商》。《商》，宋诗。
② 言性情温和易良而有决断者宜歌《齐》。《齐》，齐声。
③ 言正直己身而敷陈其德。
④ 动己，运行己之德。
⑤ 保，犹安也，知也。
⑥ 抗，抗举。队，通"坠"，落。止如槀木，以槀木喻声音之静止不动。
⑦ 此申言曲止之状。倨，不逊不顺，有屈曲意。句，歌止处。言曲处有如矩，止处有如钩。
⑧ 累累，联络貌。言联络而有端绪，如贯珠。
⑨ 说，通"悦"，喜悦，高兴。

叹之不足,故不知手之舞之、足之蹈之也。"子贡问乐。①

---

① 盖题上事。

祭义①

祭不欲数,数则烦,②烦则不敬。祭不欲疏,疏则怠,怠则忘。是故君子合诸天道,春禘秋尝。霜露既降,君子履之,必有凄怆之心,非其寒之谓也。③春,雨露既濡,君子履之,必有怵惕之心,如将见之。④乐以迎来,哀以送往,⑤故禘有乐而尝无乐。⑥

---

① 以其明祭祀之义。
② 数,shuò,频数。烦,事烦。
③ 疏,闲阔。怠,怠于事。"霜露"上脱一"秋"字。言凄怆之心,非以天寒,盖感时而念其亲。校订者按,郑玄注曰:"霜露既降,礼说在秋,此无'秋'字,盖脱尔。"
④ 言想念其亲,如得见之。
⑤ 来、往,皆指祭之时其亲言之。
⑥ 言以一年比诸一祭,则春禘犹其来,秋尝犹其去,故一有乐、一无乐。

祭义

致齐于内,散齐于外。① 齐之日,思其居处,思其笑语,思其志意,思其所乐,思其所嗜。② 齐三日,乃见其所为齐者。③

祭之日,入室,僾然必有见乎其位。④ 周还出户,肃然必有闻乎其容声。⑤ 出户而听,忾然必有闻乎其叹息之声。

是故先王之孝也,色不忘乎目,声不绝乎耳,心志嗜欲不忘乎心。⑥ 致爱则存,致悫则著。⑦ 著存不忘乎心,夫安得不敬乎?

君子生则敬养,死则敬享,⑧ 思终身弗辱也。君子有终身之丧,忌日⑨之谓也。忌日不用,非不祥

---

① 齐,通"斋",齐一心志。致齐于内,言敬慎其心,思下之五者。散齐于外,言禁防其外物,如不御不乐不吊。
② 所思五者,皆指其亲言之。
③ 见,仿佛如见。所为齐者,亦指其亲言之。
④ 僾,ài,微见貌。言仿佛见亲之在神位。
⑤ 还,通"旋"。言如闻其亲举动容止之声。
⑥ 色、声、心志嗜欲,皆指其亲言之。
⑦ 言致其爱则亲虽亡而犹存,致其悫则神虽微而犹著。
⑧ 享,犹祭也。
⑨ 忌日,亲亡之日。

也,言夫日志有所至,而不敢尽其私也。①

唯圣人为能飨②帝,孝子为能飨亲。飨者,乡③也。乡之,然后能飨焉。是故孝子临尸而不怍。④君牵牲,夫人奠盎;君献尸,夫人荐豆;卿大夫相君,命妇相夫人。⑤齐齐乎其敬也!愉愉乎其忠也!勿勿诸其欲其飨之也!⑥

文王之祭也,事死者如事生,思死者如不欲生。⑦忌日必哀,称讳⑧如见亲。祀之忠也,如见亲之所爱,如欲色然。⑨其文王与!⑩《诗》⑪云:"明发

---

① 言忌日不用举作他事,非以是日不祥,因是日志意所至独在于亲,故不敢尽其私情而营己事。
② 飨,言祭之能使之飨之。
③ 乡,通"向"。言诚心向之。
④ 怍,色不和。
⑤ 言夫妇相须以共成其事。
⑥ 齐齐乎,整齐之貌。愉愉乎,和悦之貌。勿勿诸,悫爱之貌。诸,犹乎也。
⑦ 言思念死者之深,如不复欲生。
⑧ 称亲之名。
⑨ 言祭祀之忠诚,如真见亲之所爱在于目前,其情有似乎慕好色。
⑩ 言能如此者其唯文王乎。
⑪ 《诗·小雅·小宛》之篇。

祭义

不寐,有怀二人。"文王之诗也。① 祭之明日,② 明发不寐,飨而致之,又从而思之。祭之日,乐与哀半,飨之必乐,已至必哀。

仲尼尝,奉荐而进,其亲也悫,其行也趋趋以数。③ 已祭,子赣问曰:"子之言祭,济济漆漆然。④ 今子之祭,无济济漆漆,何也?"子曰:"济济者,容也远也;漆漆者,容也自反也。⑤ 容以远,若容以自反也,夫何神明之及交?⑥ 夫何济济漆漆之有乎?反馈⑦乐成,荐其荐俎,序其礼乐,备其百官,君子致其济济漆漆,夫何慌惚⑧之有乎?夫言岂一

---

① 明发,言将旦而光明开发。二人,亲。校订者按:"文王之诗也"当为"文王之谓也"。王念孙曰:"'诗'当作'谓'。……《(孔子)家语·哀公问政篇》:'诗云:明发不寐,有怀二人。则文王之谓与!'"
② 祭之明日,又有"绎祭",复祭之。
③ 尝,秋尝。奉荐,奉其所荐。趋趋,cù cù,通"促促",急匆匆的样子。数,shuò,速。
④ 济济,整齐之貌。漆漆,饰其威仪之貌。
⑤ 言济济是容貌自疏远,优游不迫之谓;漆漆是容貌自反覆,从容修整之谓。
⑥ 言其始若如此,则不得与神明交。
⑦ 祭先用生牲,及反馈,则进熟。
⑧ 慌惚,即上所云"奉荐而进,其亲也悫,其行也趋趋以数"。

端而已?夫各有所当也。"①

　　孝子将祭,虑事不可以不豫,比时具物不可以不备,虚中以治之。②宫室既修,墙屋既设,百物既备,夫妇齐戒、沐浴、盛服,奉承而进之,洞洞乎,属属乎,③如弗胜,如将失之,其孝敬之心至也与!荐其荐俎,序其礼乐,备其百官,奉承而进之。于是谕其志意,④以其慌惚以与神明交,庶或飨之。庶或飨之,孝子之志也。

　　孝子之祭也,尽其慤而慤焉,尽其信而信焉,尽其敬而敬焉,⑤尽其礼而不过失焉。进退必敬,如亲听命,则或使之也。⑥孝子之祭可知也。⑦其立之也敬以诎,⑧其进之也敬以愉,其荐之也敬以欲,⑨退

---

① 言言不可以一概,礼各有所当行。
② 比时,先时。虚中,不以外物贰其心。
③ 洞洞乎、属属乎,皆严敬之貌。属,zhǔ。
④ 言藉祝嘏交谕神人之意志。
⑤ 皆言心能尽此,形于外者亦然。
⑥ 则,犹而也。言如亲听命于父母之前而有所使之者然。
⑦ 言观其祭可以知其心。
⑧ 诎,qū,充诎,欢喜之貌。
⑨ 欲,言欲其飨之。

祭义

而立，如将受命，已彻①而退，敬齐之色不绝于面。孝子之祭也，立而不诎，固也；进而不愉，疏也；②荐而不欲，不爱也；退立而不如受命，敖也；已彻而退，无敬齐之色，而③忘本也。如是而祭，失之矣。

孝子之有深爱者，必有和气；有和气者，必有愉色；有愉色者，必有婉容。孝子如执玉，如奉盈，④洞洞属属然，如弗胜，如将失之。严威俨恪，非所以事亲也，成人之道也。⑤

先王之所以治天下者五：贵有德，贵贵，贵老，敬长，慈幼。此五者，先王之所以定天下也。贵有德，何为也？为其近于道也。贵贵，为其近于君也。贵老，为其近于亲也。敬长，为其近于兄也。慈幼，为其近于子也。是故至孝近乎王，至弟近乎霸。至孝近乎王，虽天子必有父；至弟近乎

---

① 彻，彻馔食。
② 固，言固陋不知礼。疏，言疏远于亲。
③ 而，衍字。
④ 言奉盈满之物。
⑤ 严威俨恪，非爱敬而是肃敬，故只是成人之道。

霸,虽诸侯必有兄。先王之教,因而弗改,①所以领天下国家也。

子曰:"立爱自亲始,教民睦也。立教自长始,教民顺也。教以慈睦,而民贵有亲。教以敬长,而民贵用命。孝以事亲,顺以听命,错诸天下,无所不行。"

郊之祭也,丧者不敢哭,凶服者不敢入国门,②敬之至也。

祭之日,君牵牲,穆答君,卿大夫序从。③既入庙门,丽于碑。④卿大夫袒,而毛牛尚耳,⑤鸾刀以刲,取膟膋,乃退。⑥爓祭,祭腥而退。⑦敬之至也。

郊之祭,大报天而主日,⑧配以月。夏后氏祭其

---

① 言因人之心孝弟,即以孝弟教人。
② 郊为吉礼,故丧与凶服者避之。
③ 穆,子姓。父昭则子为穆,父穆则子为昭,但云穆者,省文以赅之。答,对,言与君对而共牵其牲。序从,以次第从之。
④ 丽,系。言牵牲系于中庭碑。
⑤ 尚,上之。言卿大夫袒左衣取牛耳之毛,以表其色之纯。
⑥ 鸾刀,刀环有铃者,割牲所用。膟,lǜ。膋,liáo。膟膋,血与肠间脂。退,卿大夫退。
⑦ 爓,xún,通"燖",熟其殽。退,君退。
⑧ 言大报天之众神而以日为之主。

暗,殷人祭其阳,① 周人祭日以朝及暗。②

祭日于坛,祭月于坎,③ 以别幽明,以制上下。祭日于东,祭月于西,以别外内,以端④其位。日出于东,月生于西,⑤阴阳长短,终始相巡,⑥以致天下之和。

天下之礼,致反始也,致鬼神也,致和用也,⑦致义也,致让也。致反始,以厚其本也;致鬼神,以尊上也;致物用,以立民纪也;致义,则上下不悖逆矣;致让,以去争也。合此五者,以治天下之礼也,虽有奇邪而不治者,则微矣。

宰我曰:"吾闻鬼神之名,不知其所谓。"子曰:"气也者,神之盛也。魄也者,鬼之盛也。合鬼与神,教之至也。⑧

---

① 暗,昏时。阳,通"旸"(yáng),言日中时。
② 言终日。
③ 坛,封土而高之。坎,凿土而陷之。
④ 端,正。
⑤ 月生于西,即言"月未望则载魄于西",盖新月之光面在西。
⑥ 巡,通"沿",顺流而下。
⑦ 反始,报本。言致吾心报本之诚,致其敬于鬼神,致和谐致财用。
⑧ 言以鬼神教民,为教之至极。

礼记

"众生必死,死必归土,此之谓鬼。骨肉毙于下阴①,为野土。其气发扬于上,为昭明,焄蒿凄怆,②此百物之精也,神之著也。因物之精,制为之极,③明命鬼神,④以为黔首则。百众以畏,万民以服。圣人以是为未足也,筑为宫室,设为宗祧,⑤以别亲疏远迩,教民反古复始,⑥不忘其所由生也。众之服自此,故听且速也。⑦二端既立,报以二礼。⑧建设朝事,燔燎羶芗,见以萧光,⑨以报气也。此教众反始也。荐黍稷,羞肝肺首心,见间以侠甒,加

---

① 毙,败坏。下阴,地下。
② 昭明,言光影之属。焄,xūn,言香臭。蒿,言气之出。凄怆,言其气之感人。皆指神言之。
③ 言制为尊极之称。
④ 言鬼神本幽微,今为名之曰鬼神,是明命之。
⑤ 祧,远祖之庙。
⑥ 反古,言追祭先祖。复始,言报本祀父母。
⑦ 言众之服从于上,实由于反古复始之教,故能顺教而且疾速。
⑧ 二端,气与魄。一说,鬼神之主与宗祧之建。又一说,指上"筑为宫室,设为宗祧"二事。二礼,言报气魄以二种祭礼,朝践以报气,馈熟以报魄。一说,燔以求诸阳,灌以求诸阴,所谓二礼。
⑨ 朝事,言旦朝祭事。羶,牲畜之臭。芗,谷实之臭。燔之燎之,使其臭发散。见,"覭"字之误,杂。萧光,萧草之气。

以郁鬯,[1] 以报魄也。教民相爱,上下用情,[2] 礼之至也。

"君子反古复始,不忘其所由生也。是以致其敬,发其情,竭力从事,以报其亲,不敢弗尽也。是故昔者天子为藉[3]千亩,冕而朱纮,[4]躬秉耒。诸侯为藉百亩,冕而青纮,躬秉耒。以事天地、山川、社稷、先古,以为醴酪齐盛,于是乎取之,敬之至也。

"古者天子诸侯必有养兽之官。及岁时,齐戒沐浴而躬朝之。[5]牺牷祭牲,[6]必于是取之,敬之至也。君召牛,纳而视之,择其毛而卜之,吉,然后养之。君皮弁素积,[7]朔月[8]月半,君巡牲,所以致

---

[1] 羞,进。见间,为"覵"字之误,杂。侠甒,两甒,言两甒醴酒。郁鬯,灌地降神之酒。校订者按,郑玄注:"'见'及'见间'皆当为'覵'字之误也。"孔颖达疏:"凡覵者所见错杂之义,故'间'旁'见'也。"据此,本为一个"覵"字,被误析为二字。
[2] 言报气所以求阳于上,是用情于上,报魄所以求阴于下,是用情于下。
[3] 藉,藉田。
[4] 纮,hóng,冠系。
[5] 躬朝之,亲往视之。
[6] 完而无伤谓之牺,纯而不杂谓之牷。祭牲必取牺牷。
[7] 皮弁素积,视朝之服。
[8] 月,"日"字之误。

力,孝之至也。

"古者天子诸侯必有公桑①蚕室,近川而为之,筑宫,仞有三尺,棘墙而外闭之。② 及大昕③之朝,君皮弁素积,卜三宫之夫人、世妇之吉者,使入蚕于蚕室,奉种浴于川,桑于公桑,风戾以食之。④ 岁既单矣,⑤ 世妇卒蚕,奉茧以示于君,遂献茧于夫人。夫人曰:'此所以为君服与!'遂副袆而受之,因少牢以礼之。⑥ 古之献茧者,其率用此与?及良日,夫人缫,三盆手,遂布于三宫夫人、世妇之吉者,⑦ 使缫。遂朱绿之,玄黄之,以为黼黻文章。服既成,君服以祀先王先公,敬之至也。"

君子曰:"礼乐不可斯须去身。致乐以治心,则易直子谅之心油然生矣。易直子谅之心生则乐,乐则安,安则久,久则天,天则神。天则不言而

---

① 公桑,公家之桑。
② 棘墙,墙上置棘。外闭之,言户扇在外而闭则向内。
③ 大昕,季春朔日之朝。一说,昕,日欲出。于时为卯。大昕,则向晨。
④ 戾,至。桑沾湿露,风至则干,乃以食蚕。
⑤ 单,尽。言自去岁蚕成之后,迄今蚕成,又尽一岁。
⑥ 副,妇人首饰。袆,huī,王后祭服。礼之,礼献茧之世妇。
⑦ 三盆手,置茧于盆中,而以手三次淹之。布,分布使共缫之。

信,神则不怒而威,致乐以治心者也。致礼以治躬则庄敬,庄敬则严威。心中斯须不和不乐,而鄙诈之心入之矣;外貌斯须不庄不敬,而慢易之心入之矣。故乐也者,动于内者也;礼也者,动于外者也。乐极和,礼极顺。内和而外顺,则民瞻其颜色而不与争也,望其容貌而众不生慢易焉。故德辉动乎内,而民莫不承听;理发乎外,而众莫不承顺。故曰:'致礼乐之道而天下塞焉,举而错之无难矣。'乐也者,动于内者也;礼也者,动于外者也。故礼主其减,乐主其盈。礼减而进,以进为文;乐盈而反,以反为文。礼减而不进则销,乐盈而不反则放。故礼有报而乐有反。礼得其报则乐,乐得其反则安。礼之报,乐之反,其义一也。①"

曾子曰:"孝有三:大孝尊亲,其次弗辱,其下能养。"公明仪②问于曾子曰:"夫子可以为孝乎?"曾子曰:"是何言与!是何言与!君子之所为孝者,先意承志,谕父母于道。③参直养者

---

① 此一节已见《乐记》,文字微异,兹不复作注。
② 公明仪,曾子弟子。
③ 言能晓喻父母之于道造诣如何,而己亦从之。

也,①安能为孝乎?"

曾子曰:"身也者,父母之遗体也。行父母之遗体,敢不敬乎?居处不庄,非孝也;事君不忠,非孝也;莅官不敬,非孝也;朋友不信,非孝也;战陈无勇,非孝也。五者不遂,灾及于亲,敢不敬乎?亨孰膻芗,②尝而荐之,非孝也,养也。君子之所谓孝也者,国人称愿,然曰'幸哉有子!'如此,③所谓孝也已。众之本教曰孝,其行曰养。④养可能也,敬为难;敬可能也,安⑤为难;安可能也,卒⑥为难。父母既没,慎行其身,不遗父母恶名,可谓能终矣。仁者,仁此者也;礼者,履此者也;义者,宜此者也;信者,信此者也;强者,强此者也。⑦乐自顺此生,刑自反此作。"

曾子曰:"夫孝,置之而塞乎天地,溥之而横

---

① 言己仅能养者。
② 言烹煮牲蔬。
③ 然,犹如也。言国人皆羡愿,如将曰,其父母何幸而有子如此。
④ 本教,教之本。其行曰养,言孝子之行自养亲始。
⑤ 安,言安之若素,无所勉强。
⑥ 卒,终。言终其身行孝。
⑦ 履,践行。强,自强不息。此,皆言孝。

乎四海，施诸后世而无朝夕，^①推而放诸东海而准，推而放诸西海而准，推而放诸南海而准，推而放诸北海而准。^②《诗》^③云：'自西自东，自南自北，无思不服。'此之谓也。"

曾子曰："树木以时伐焉，禽兽以时杀焉。夫子曰：'断一树，杀一兽，不以其时，非孝也。'孝有三：小孝用力，中孝用劳，大孝不匮。思慈爱忘劳，可谓用力矣；尊仁安义，可谓用劳矣；博施备物，可谓不匮矣。父母爱之，嘉而弗忘；父母恶之，惧而无怨；父母有过，谏而不逆；父母既没，必求仁者之粟以祀之。此之谓礼终。"

乐正子春下堂而伤其足，数月不出，犹有忧色。门弟子曰："夫子之足瘳矣，数月不出，犹有忧色，何也？"乐正子春曰："善如，^④尔之问也！善如，尔之问也！吾闻诸曾子，曾子闻诸夫子曰：

---

① 言无一朝一夕而不行。
② 放，犹至也。准，犹平也。言推而至于四海，无不以为平准。
③ 《诗·大雅·文王有声》之篇。
④ 如，犹乎也。

'天之所生，地之所养，无人为大。^①父母全而生之，子全而归之，可谓孝矣。不亏其体，不辱其身，可谓全矣。故君子顷步^②而弗敢忘孝也。'今予忘孝之道，予是以有忧色也。壹举足而不敢忘父母，壹出言而不敢忘父母。壹举足而不敢忘父母，是故道而不径，舟而不游，^③不敢以先父母之遗体行殆。壹出言而不敢忘父母，是故恶言不出于口，忿言不反于身。^④不辱其身，不羞其亲，可谓孝矣。"

昔者有虞氏贵德而尚齿，夏后氏贵爵而尚齿，殷人贵富而尚齿，周人贵亲而尚齿。虞、夏、殷、周，天下之盛王也，未有遗年^⑤者。年之贵乎天下久矣，次乎事亲也。是故朝廷同爵则尚齿。七十杖于朝，君问则席，^⑥八十不俟朝，^⑦君问则就之，而弟

---

① 言无如人最大。
② 顷，通"跬"，一举足，即半步。一说，顷步，言俄顷举步之间。
③ 言行正道而不由邪径，乘舟船而不事游泳。
④ 言他人忿怒之言不回及于己。
⑤ 遗年，言遗弃年齿而不尚。
⑥ 言七十者得据杖于朝，君有问则布席令坐。
⑦ 言见君揖则退，不待朝事毕。

达乎朝廷矣。行,肩而不并,① 不错则随,② 见老者则车徒辟,③ 斑白者不以其任④行乎道路,而弟达乎道路矣。居乡以齿,而老穷不遗,强不犯弱,众不暴寡,而弟达乎州巷矣。古之道,五十不为甸徒,⑤ 颁禽隆诸长者,⑥ 而弟达乎獀⑦狩矣。军旅什伍,同爵则尚齿,而弟达乎军旅矣。孝弟发诸朝廷,行乎道路,至乎州巷,放乎獀狩,修乎军旅,众以义死之而弗敢犯也。⑧

祀乎明堂,所以教诸侯之孝也。食三老五更⑨于大学,所以教诸侯之弟也。祀先贤于西学,⑩ 所以教诸侯之德也。耕藉,所以教诸侯之养也。朝觐,

---

① 言老少同行,肩臂不得相并。
② 错,雁行。兄党雁行,若非兄党而是父党,则随从而行。
③ 言少者或乘车或徒步,逢老者皆避让。
④ 任,担荷之物。
⑤ 甸徒,甸猎之徒役。
⑥ 言分禽时长者先得而且多。
⑦ 獀,sōu,通"蒐",田猎。
⑧ 言众愿以义死于孝弟,而不敢或有所犯失。
⑨ 三老五更,言老人更知三德(正直、刚、柔)五事(貌、言、视、听、思)者。
⑩ 西学,周小学。一说,大学中之一部,曰瞽宗。

所以教诸侯之臣也。五者,天下之大教也。

食三老五更于大学,天子袒而割牲,执酱而馈,执爵而酳,冕而揔干,①所以教诸侯之弟也。是故乡里有齿,而老穷不遗,强不犯弱,众不暴寡,此由大学来者也。

天子设四学,当入学而大子齿。②

天子巡守,诸侯待于竟,③天子先见百年者。八十、九十者东行,西行者弗敢过;西行,东行者弗敢过。④欲言政者,君就之可也。⑤

壹命齿于乡里,再命齿于族,⑥三命不齿。族有七十者弗敢先。⑦七十者不有大故不入朝。若有大故而入,君必与之揖让,而后及爵者。

天子有善,让德于天。诸侯有善,归诸天子。卿大夫有善,荐于诸侯。士、庶人有善,本诸父母,

---

① 言着冕持干而亲舞。
② 设四学,立虞、夏、殷三学,并当代之学而为四。大子齿,言当入学时太子齿于国人。
③ 竟,通"境",边境。
④ 言天下之人见天子尚齿,群受其化,故行道见八十、九十者弗敢过。
⑤ 言国君亦尚齿,故欲与老者言政则就之。
⑥ 此谓乡射饮酒时。齿,言以年齿立若坐,不以其爵。
⑦ 言三命者不复以齿序列,然遇族中之七十者,亦不敢先之。

祭义

存诸长老。禄爵庆赏，成诸宗庙。① 所以示顺也。

昔者圣人建阴阳天地之情，立以为易。② 易抱龟南面，天子卷冕北面。虽有明知之心，必进断其志焉，③ 示不敢专，以尊天也。善则称人，过则称己，教不伐，④ 以尊贤也。

孝子将祭祀，必有齐庄之心以虑事，以具服物，以修宫室，以治百事。及祭之日，颜色必温，行必恐，如惧不及爱然。⑤ 其奠之也，容貌必温，身必诎，如语焉而未之然。⑥ 宿者⑦皆出，其立卑静以正，如将弗见然。及祭之后，陶陶遂遂，⑧ 如将复入然。是故悫善不违身，耳目不违心，思虑不违亲。结诸心，形诸色，而术省之。⑨ 孝子之志也。

建国之神位，右社稷而左宗庙。

---

① 言成其礼于宗庙。
② 言掌《易》之人。
③ 言必进于龟之前，使断决其意志。
④ 不伐，不自矜伐。
⑤ 言如畏惧不及见亲之所爱然。
⑥ 言如有所白于亲而未见答然。
⑦ 言助祭所宿之宾。
⑧ 陶，yáo。陶陶遂遂，随行貌。
⑨ 术，通"述"。言循述而省察之。

经解①

孔子曰:"入其国,其教可知也。②其为人也,温柔敦厚,《诗》教也;疏通知远,③《书》教也;广博易良,④《乐》教也;絜⑤静精微,《易》教也;恭俭庄敬,《礼》教也;属辞比事,⑥《春秋》教也。故《诗》之失⑦愚,《书》之失诬,⑧《乐》之失奢,《易》之失贼,⑨《礼》之失烦,《春秋》之失

---

① 篇首解释六经于政教之得失,故以名篇。
② 言可知其所以教。
③ 疏通,言开明透彻。知远,言远知上世之事。
④ 易良,言和易善良。
⑤ 絜,言不污。
⑥ 言联属其策书之辞以见是非,比合其所行之事以知善恶。
⑦ 失,言习之而过。
⑧ 诬,言荒唐无稽。
⑨ 言过于辨吉凶利弊,则人情转薄,近于贼害。

乱。① 其为人也，温柔敦厚而不愚，则深于《诗》者也；疏通知远而不诬，则深于《书》者也；广博易良而不奢，则深于《乐》者也；絜静精微而不贼，则深于《易》者也；恭俭庄敬而不烦，则深于《礼》者也；属辞比事而不乱，则深于《春秋》者也。"

天子者，与天地参，故德配天地，兼利万物，与日月并明，明照四海而不遗微小。其在朝廷则道②仁圣礼义之序，燕处③则听《雅》《颂》之音，行步则有环佩之声，升车则有鸾和④之音。居处有礼，进退有度，百官得其宜，万事得其序。《诗》⑤云："淑人君子，其仪不忒。其仪不忒，正是四国。"此之谓也。

发号出令而民说⑥谓之和，上下相亲谓之仁，民不求其所欲而得之谓之信，除去天地之害谓之

---

① 言是非不能确知，善恶不能明辨，则乱。
② 道，犹言也。
③ 燕处，休居。
④ 鸾、和，皆铃，所以为车行节。
⑤ 《诗·曹风·鸤鸠》之篇。
⑥ 说，通"悦"，高兴，喜悦。

义。义与信，和与仁，霸王之器也。有治民之意而无其器，则不成。

礼之于正国也，犹衡之于轻重也，绳墨之于曲直也，规矩之于方圜也。故衡诚县，不可欺以轻重；绳墨诚陈，不可欺以曲直；规矩诚设，不可欺以方圜；① 君子审礼，不可诬以奸诈。是故隆礼由礼，谓之有方之士；② 不隆礼不由礼，谓之无方之民。敬让之道也。③ 故以奉宗庙则敬，以入朝廷则贵贱有位，以处室家则父子亲、兄弟和，以处乡里则长幼有序。孔子曰："安上④治民，莫善于礼。"此之谓也。

故朝觐之礼，所以明君臣之义也；聘问之礼，所以使诸侯相尊敬也；丧祭之礼，所以明臣子之恩也；⑤ 乡饮酒之礼，所以明长幼之序也；⑥ 昏姻之礼，

---

① 言轻重、曲直、方圆自有其准在，不能以或此或彼相欺。
② 隆，尊之。由，依此行。方，道。
③ 言礼之为用。
④ 言使居上位者安而不危。
⑤ 言明臣子对于君父之恩义。
⑥ 以乡饮酒尚齿。

所以明男女之别也。夫礼,禁乱之所由生,犹坊①止水之所自来也。故以旧坊为无所用而坏之者,必有水败;② 以旧礼为无所用而去之者,必有乱患。

故昏姻之礼废,则夫妇之道苦,而淫辟之罪多矣;乡饮酒之礼废,则长幼之序失,而争斗之狱繁矣;丧祭之礼废,则臣子之恩薄,而倍死忘生③者众矣;聘觐之礼废,则君臣之位失,诸侯之行恶,而倍畔侵陵之败起矣。

故礼之教化也微,其止邪也于未形,使人日徙善远罪而不自知也,是以先王隆之也。《易》④曰:"君子慎始,差若豪氂,缪以千里。"此之谓也。

---

① 坊,通"防",堤。
② 水败,犹水患也。
③ 言死者见背,生者被遗忘。
④ 引《易》语,今无之。

哀公问[1]

哀公问于孔子曰:"大礼[2]何如?君子之言礼,何其尊也?"孔子曰:"丘也小人,不足以知礼。"君曰:"否。吾子言之也。"孔子曰:"丘闻之,民之所由生,礼为大。非礼无以节事[3]天地之神也,非礼无以辨君臣、上下、长幼之位也,非礼无以别男女、父子、兄弟之亲,昏姻、疏数[4]之交也。君子以此之为尊敬然。然后以其所能教百姓,不废其会节。[5]有成事,然后治其雕镂、文章、黼黻以

---

[1] 以其记哀公问礼、问政于孔子之事。
[2] 以礼之所包者大,故言大礼。
[3] 言皆有节而敬事之。
[4] 数,shuò,屡。此言数数晤对,至密之交。
[5] 会,犹期也。言以己之所习于礼而能之者教民,不失其行礼之期,不失其守礼之节。

嗣。①其顺之,②然后言其丧筭,③备其鼎俎,设其豕腊,④修其宗庙,岁时以敬祭祀,以序宗族。即安其居节,⑤丑⑥其衣服,卑其宫室,车不雕几,⑦器不刻镂,食不贰味,以与民同利。昔之君子之行礼者如此。"公曰:"今之君子胡莫行之也?"孔子曰:"今之君子好实⑧无厌,淫德不倦,荒怠敖慢,固民是尽,⑨午⑩其众以伐有道,求得当欲不以其所。⑪昔之用民者由前,今之用民者由后。今之君子莫为礼也。"

孔子侍坐于哀公,哀公曰:"敢问人道谁为大?"孔子愀然⑫作色而对曰:"君之及此言也,百

---

① 言教有成效,然后从事于文饰,以嗣续其事。
② 言民顺从其教。
③ 筭,通"算"。丧筭,言久暂不等丧服之数。
④ 腊,xī,干肉。
⑤ 居节,居养之节。言君子致力至此,己则自安其居节。
⑥ 丑,恶。
⑦ 雕,刻镂。几,边界之漆饰。
⑧ 实,货财。
⑨ 言彼固民力之是竭,而不计其劳困者。
⑩ 午,通"忤",忤逆。
⑪ 当,称。所,道。
⑫ 愀,qiǎo。愀然,悚动貌。

姓之德也,① 固臣②敢无辞而对？人道政为大。"公曰："敢问何谓为政？"孔子对曰："政者，正也。君为正，则百姓从政矣。君之所为，百姓之所从也。君所不为，百姓何从？"公曰："敢问为政如之何？"孔子对曰："夫妇别，父子亲，君臣严。三者正，则庶物从之矣。"公曰："寡人虽无似③也，愿闻所以行三言之道，可得闻乎？"孔子对曰："古之为政，爱人为大。所以治爱人，礼为大。所以治礼，敬为大。敬之至矣，大昏为大。④大昏至矣！⑤大昏既至，冕而亲迎，亲之也。亲之也者，亲之也。⑥是故君子兴敬为亲，舍敬是遗亲也。弗爱不亲，弗敬不正。爱与敬，其政之本与！"

公曰："寡人愿有言。然冕而亲迎，不已重⑦乎？"孔子愀然作色而对曰："合二姓之好，以继先

---

① 德，恩惠。言百姓实受其惠。
② 固臣，固陋之臣。
③ 无似，犹言不肖也。
④ 大昏，天子诸侯之婚。言敬以大昏为大，盖敬之至。
⑤ 重言以称美之。
⑥ 言所以亲之者，亦欲人之亲己。
⑦ 已重，太重。

哀公问

圣之后,以为天地、宗庙、社稷之主,君何谓已重乎?"公曰:"寡人固。不固,焉得闻此言也?①寡人欲问,不得其辞,请少进。②"孔子曰:"天地不合,万物不生。大昏,万世之嗣也,君何谓已重焉?"孔子遂言曰:"内以治宗庙之礼,足以配天地之神明。出以治直言③之礼,足以立上下之敬。物耻④足以振之,国耻足以兴之。为政先礼,礼,其政之本与!"孔子遂言曰:"昔三代明王之政,必敬其妻子也,有道。妻也者,亲之主也,⑤敢不敬与?子也者,亲之后也,敢不敬与?君子无不敬也,敬身为大。身也者,亲之枝也,⑥敢不敬与?不能敬其身,是伤其亲;伤其亲,是伤其本;伤其本,枝从而亡。三者,⑦百姓之象也。身以及身,子

---

① 言寡人素固陋,若不自知其固陋而不问,焉得闻此言。
② 言请更简约进言之。
③ 直言,当作"朝廷"。
④ 言事物之废坠可耻者。
⑤ 言妻亦父母之继代者。
⑥ 言由父母发生。
⑦ 言妻、子及身。

以及子，妃以及妃。① 君行此三者，则忾②乎天下矣，大王之道也。如此，则国家顺矣。"

公曰："敢问何谓敬身？"孔子对曰："君子过言则民作辞，过动则民作则。③ 君子言不过辞，动不过则，百姓不命而敬恭。如是，则能敬其身。能敬其身，则能成其亲矣。"

公曰："敢问何谓成亲？"孔子对曰："君子也者，人之成名也。百姓归之名，谓之君子之子，是使其亲为君子也，是为成其亲之名也已。"孔子遂言曰："古之为政，爱人为大。不能爱人，不能有④其身。不能有其身，不能安土。⑤ 不能安土，不能乐天。不能乐天，不能成其身。"

公曰："敢问何谓成身？"孔子对曰："不过乎物。⑥" 公曰："敢问君子何贵乎天道也？"孔子对

---

① 妃，妻。言敬己之身之子之妻，以及人之身之子之妻。
② 忾，qì，犹至也。
③ 言推而至于天下。过言、过动，言、动而过误。作辞，称其辞。作则，取为法。
④ 有，言保爱之。
⑤ 安土，言无往而不安然自得。
⑥ 言于事物尽所当然不过误。

曰:"贵其不已。如日月东西相从而不已也,是天道也;不闭其久,①是天道也;无为而物成,是天道也;已成而明,②是天道也。"

公曰:"寡人蠢愚冥烦,子志之心也。"③孔子蹴然④辟席而对曰:"仁人不过乎物,孝子不过乎物。是故仁人之事亲也如事天,事天如事亲,是故孝子成身。"公曰:"寡人既闻此言也,无如后罪何?"⑤孔子对曰:"君之及此言也,是臣之福也。"

---

① 言久而常通,不闭塞。
② 明,灿然著明。
③ 冥烦,昏乱。言寡人之蠢愚冥烦,子殆记之于心,故不肯尽言。
④ 蹴然,敬貌。
⑤ 言无如后日过乎物之罪何,盖谦辞。

仲尼燕居 [1]

仲尼燕居，[2]子张、子贡、言游侍，纵言至于礼。子曰："居，女三人者！[3]吾语女礼，使女以礼周流，[4]无不遍也。"子贡越席而对[5]曰："敢问何如？"子曰："敬而不中礼谓之野，恭而不中礼谓之给，[6]勇而不中礼谓之逆。"子曰："给夺慈仁。"[7]子曰："师！尔过，而商也不及。[8]子产犹众人之母

---

[1] 取首语为篇名。所论为礼乐之旨。
[2] 燕居，休居。
[3] 言汝三人且坐。
[4] 周流，言周旋流转，不滞于一曲。
[5] 言离其席次，进而对之。
[6] 给，捷给便僻。
[7] 夺，乱。言捷给易与慈仁相淆乱。
[8] 言皆不得乎中。

也,能食之,不能教也。① "子贡越席而对曰:"敢问将何以为此中者也?"子曰:"礼乎礼!夫礼所以制中也。"

子贡退,言游进曰:"敢问礼也者,领恶而全好②者与?"子曰:"然。""然则何如?"子曰:"郊社之义,所以仁鬼神也;尝禘之礼,所以仁昭穆也;馈奠③之礼,所以仁死丧也;射乡之礼,所以仁乡党也;食飨之礼,所以仁宾客也。"子曰:"明乎郊社之义、尝禘之礼,治国其如指诸掌而已乎!是故以之居处有礼,故长幼辨也;以之闺门之内有礼,故三族④和也;以之朝廷有礼,故官爵序也;以之田猎有礼,故戎事闲⑤也;以之军旅有礼,故武功成也。是故宫室得其度,量鼎得其象,⑥味得其时,乐得其节,车得其式,鬼神得其飨,丧纪得

---

① 以子产参言之,见得乎中之难。
② 领,理。好,善。言治理恶事,留全善事。
③ 馈奠,始死者之奠。
④ 三族,父、子、孙。
⑤ 闲,习。
⑥ 象,法象。言斛斗之量,三牲之鼎,各依礼之法象,得其制。

其哀，辨说得其党，^① 官得其体，^② 政事得其施。加于身而错于前，凡众之动得其宜。^③"

子曰："礼者，何也？即事之治也。^④ 君子有其事，必有其治。治国而无礼，譬犹瞽之无相与！伥伥乎其何之？^⑤ 譬如终夜有求于幽室之中，非烛何见？若无礼，则手足无所错，耳目无所加，进退揖让无所制。是故以之居处，长幼失其别，闺门三族失其和，朝廷官爵失其序，田猎戎事失其策，军旅武功失其制。宫室失其度，量鼎失其象，味失其时，乐失其节，车失其式，鬼神失其飨，丧纪失其哀，辨说失其党，官失其体，政事失其施。加于身而错于前，凡众之动失其宜。如此，则无以祖洽于众也。"^⑥

子曰："慎听之，女三人者！吾语女礼，犹有

---

① 党，类。言辨说得其类，无乖义理。
② 体，言官属分任一职，如人身之一体。言称其职责。
③ 言以礼加于身而行之于前，则万事之动皆得其宜。
④ 言即事而治之以礼。
⑤ 相，扶引瞽人者。伥伥，无所如之貌。
⑥ 祖，始。洽，合。言无以为众倡始而合和之。

仲尼燕居

九焉，大飨有四焉。① 苟知此矣，虽在畎亩之中，事之，圣人已。② 两君相见，揖让而入门，入门而县兴，③ 揖让而升堂，升堂而乐阕，下管《象武》，《夏籥》序兴，④ 陈其荐俎，序其礼乐，备其百官，如此而后君子知仁焉。行中规，还中矩，和鸾中《采齐》，客出以《雍》，彻以《振羽》，⑤ 是故君子无物而不在礼矣。入门而金作，⑥ 示情也；升歌《清庙》，示德也；⑦ 下而管《象》，示事也。⑧ 是故古之君子不必亲相与言也，以礼乐相示而已。"

子曰："礼也者，理也；乐也者，节也。君子无理不动，无节不作。不能诗，于礼缪；不能乐，于礼素；⑨ 薄于德，于礼虚。⑩" 子曰："制度在礼，文

---

① 言礼犹有九项，大飨之礼则有四项。
② 言人事之必曰圣人。
③ 县，乐器之悬于筍簴者，钟磬是也。兴，言奏乐。
④ 《象武》，武舞。《夏籥》，文舞。序，更。言堂下管中吹《象武》之曲，而与《夏籥》之曲更递而作。
⑤ 还，通"旋"。《采齐》《雍》《振羽》，皆乐章名。彻，礼毕彻器。
⑥ 金作，即指上之"县兴"。
⑦ 升，升堂。《清庙》颂文王之德，故云示德。
⑧ 《象武》为武王伐纣之乐，故云示事。
⑨ 缪，通"谬"，误。素，质朴。
⑩ 言德不充实，其于礼必空虚。

为^①在礼，行之其在人乎！"子贡越席而对曰："敢问夔其穷与？"^②子曰："古之人与？^③古之人也！达于礼而不达于乐，谓之素。达于乐而不达于礼，谓之偏。夫夔，达于乐而不达于礼，是以传此名也，^④古之人也。"

子张问政。子曰："师乎！前！吾语女乎！君子明于礼乐，举而错^⑤之而已。"子张复问。子曰："师，尔以为必铺几筵，升降，酌献，酬酢，然后谓之礼乎？尔以为必行缀兆，^⑥兴羽籥，^⑦作钟鼓，然后谓之乐乎？言而履之，礼也；行而乐之，乐也。君子力^⑧此二者，以南面而立，夫是以天下太平也。诸侯朝，万物服体，^⑨而百官莫敢不承事矣。礼之所兴，众之所治也；礼之所废，众之所乱也。目巧

---

① 文为，文章、所为。
② 子贡惟闻夔之善乐，故问其于礼或困穷欤，意其未必知礼。
③ 言夔是古之人，非全不知礼。
④ 言夔固兼知礼、乐，特于乐尤通达耳，是以其贤名传于后世。
⑤ 错，言施行。
⑥ 缀，所以表舞之行列。兆，舞位。
⑦ 羽籥，舞者所执。
⑧ 力，力行。
⑨ 服体，言各从其理而不相侵。

仲尼燕居

之,① 室则有奥阼,② 席则有上下,车则有左右,行则有随,③ 立则有序,古之义也。室而无奥阼,则乱于堂室也;席而无上下,则乱于席上也;车而无左右,则乱于车也;行而无随,则乱于涂也;立而无序,则乱于位也。昔圣帝、明王、诸侯辨贵贱、长幼、远近、男女、外内,莫敢相逾越,皆由此涂④出也。"三子者既得闻此言也于夫子,昭然若发蒙⑤矣。

---

① 言行礼能用目巧而无乖。以下皆言礼之所在。
② 奥,室西南隅,尊者所处。阼,东阶,主人所历。
③ 言少者在后相随。
④ 此涂,言礼乐。
⑤ 发蒙,言启发其蒙而有所见。

孔子闲居①

孔子闲居，子夏侍。子夏曰："敢问《诗》云'凯弟君子，民之父母'，②何如斯可谓'民之父母'矣？"孔子曰："夫'民之父母'乎，必达于礼乐之原，以致'五至'而行'三无'，以横③于天下，四方有败，必先知之。此之谓'民之父母'矣。"

子夏曰："'民之父母'既得而闻之矣，敢问何谓'五至'？"孔子曰："志之所至，④诗亦至焉；诗之所至，礼亦至焉；礼之所至，乐亦至焉；乐之

---

① 取首语为篇名。此篇说《诗》而归之于礼乐。
② 《诗·大雅·泂酌》之篇。凯，乐。弟，易。言具乐易之德之君子，为民之父母。
③ 横，横被。
④ 至，言达于民。

所至，哀亦至焉。①哀乐相生。是故正明目而视之，不可得而见也；倾耳而听之，不可得而闻也；②志气塞乎天地。此之谓'五至'。"

子夏曰："'五至'既得而闻之矣，敢问何谓'三无'？"孔子曰："无声之乐，无体之礼，无服之丧，此之谓'三无'。"

子夏曰："'三无'既得略而闻之矣，敢问何诗近之？"孔子曰："'夙夜其命宥密'，③无声之乐也；'威仪逮逮，不可选也'，④无体之礼也；'凡民有丧，匍匐救之'，⑤无服之丧也。"

子夏曰："言则大矣！美矣！盛矣！言尽于此而已乎？"孔子曰："何为其然也？君子之服之也，犹有五起焉。"⑥子夏曰："何如？"孔子曰："无声

---

① 言能与民同其欢乐，则民若有祸害，亦能悲哀忧恤。
② 言此五者上下相感于心，外无形声，故正视不得见，倾耳不得闻。
③ 《诗·周颂·昊天有成命》之篇。宥，宽。密，静。言夙夜务行宽静之政，则无时而不和乐。
④ 《诗·邶风·柏舟》之篇。逮逮，dì dì，也作"棣棣"，安和貌。言威仪安和，自有常度，不容有所选择，非有升降揖让之礼，而民自效之。
⑤ 《诗·邶风·谷风》之篇。
⑥ 服之，服习之。五起，皆言起发于外之光景。

之乐,气志不违;无体之礼,威仪迟迟;① 无服之丧,内恕孔悲。② 无声之乐,气志既得;无体之礼,威仪翼翼;③ 无服之丧,施④及四国。无声之乐,气志既从;⑤ 无体之礼,上下和同;无服之丧,以畜万邦。无声之乐,日闻四方;⑥ 无体之礼,日就月将;⑦ 无服之丧,纯德孔明。无声之乐,气志既起;⑧ 无体之礼,施及四海;无服之丧,施于孙子。"

子夏曰:"三王之德参于天地,敢问何如斯可谓参于天地矣?"孔子曰:"奉'三无私'以劳⑨天下。"子夏曰:"敢问何谓'三无私'?"孔子曰:"天无私覆,地无私载,日月无私照。奉斯三者以劳天下,此之谓'三无私'。其在《诗》曰:'帝命

---

① 迟迟,安舒不迫。
② 言以恕道存心而兴起同情,对于危苦者,甚为悲恻。
③ 翼翼,恭慎貌。
④ 施,yì,延。
⑤ 言从心所欲而不逾规矩。
⑥ 言声闻于外,气志塞乎天地之间。
⑦ 就,成。将,大。
⑧ 言气志配合道义,纯粹自然。
⑨ 劳,言劳之来之。

不违，至于汤齐。①汤降不迟，圣敬日齐。②昭假迟迟，上帝是祗。③帝命式于九围。'④是汤之德也。天有四时，春秋冬夏，风雨霜露，无非教也。地载神气，神气风霆，⑤风霆流形，庶物露生，⑥无非教也。清明在躬，⑦气志如神。嗜欲将至，有开必先。天降时雨，山川出云。⑧其在《诗》曰：'嵩高惟岳，⑨峻极于天。惟岳降神，生甫及申。⑩惟申及甫，惟周之翰。四国于蕃，四方于宣。'⑪此文、武之德也。三

---

① 《诗·商颂·长发》之篇。言帝命此殷家，世世行之不违，以至于汤而与天心齐。
② 降，降抑下贤。齐，通"跻"，升。言汤下贤不迟缓，其圣敬之德日日升进。
③ 假，通"格"，至。言汤之明德下至于民，迟迟然安和而不急疾，又惟上帝是敬。
④ 式，用。九围，九州之界。言帝命汤用事于九州。
⑤ 神气，天气。言地载下降之神气，神气者，风霆也。
⑥ 言风霆流行，形成庶物，故庶物露见而生成。
⑦ 言清明之德在于身。
⑧ 嗜欲，言所愿欲之事。言所愿欲之事方在于心，必有以开其端而为之征兆者，犹如天将降雨，山川必先为之出云。
⑨ 《诗·大雅·崧高》之篇。言嵩然而高者，惟是五岳。
⑩ 甫、申，甫侯、申伯。
⑪ 翰，通"干"，栋梁。言是二人为周之桢干之臣，为四方之国作蕃屏，又于四方宣扬王之德化。

代之王也,必先令闻。①《诗》云:'明明天子,令闻不已。'②三代之德也。'弛其文德,协此四国。'③大王之德也。"子夏蹶然④而起,负墙而立,曰:"弟子敢不承乎!"

---

① 言必先有令善之声闻。
② 《诗·大雅·江汉》之篇。
③ 亦《江汉》之诗。弛,施。协,和。
④ 蹶然,惊起貌。

坊记①

子言之:"君子之道,辟则坊与!坊民之所不足者也。② 大为之坊,民犹逾之。故君子礼以坊德,③刑以坊淫,命以坊欲。"④

子云:"小人贫斯约,富斯骄;约斯盗,骄斯乱。礼者,因人之情而为之节文,以为民坊者也。故圣人之制富贵也,使民富不足以骄,贫不至于约,贵不慊⑤于上,故乱益亡。"⑥

---

① 坊,通"防",堤防。此篇题曰《坊记》,盖取以礼坊民之意。
② 言民之所不足者,坊也。
③ 言坊德之失。
④ 命,言教命。一说,命,天命,言以天命之说坊人之肆欲。
⑤ 慊,慊恨不满之貌。
⑥ 益,渐。亡,无。

子云:"贫而好乐,富而好礼,众而以宁①者,天下其几②矣。《诗》③云:'民之贪乱,宁为荼毒。'故制国不过千乘,④都城不过百雉,⑤家富不过百乘。以此坊民,诸侯犹有畔者。"

子云:"夫礼者,所以章疑别微,⑥以为民坊者也。故贵贱有等,衣服有别,朝廷有位,则民有所让。"

子云:"天无二日,土无二王,家无二主,尊无二上,示民有君臣之别也。《春秋》不称楚、越之王。⑦丧礼,君不称天,大夫不称君,⑧恐民之惑也。《诗》⑨云:'相彼盍旦,尚犹患之。'"⑩

---

① 言家族众多而得安宁。
② 几,几希。
③ 《诗·大雅·桑柔》之篇。
④ 此就兵赋言之。
⑤ 都城,诸侯所自居之城。雉,建筑之量法,方丈曰堵,三堵曰雉。
⑥ 言章明嫌疑,分别隐微,皆礼之用。
⑦ 言楚、越虽自称王而《春秋》不书,所以示君臣之别。
⑧ 言丧礼天子死曰"天王崩",诸侯死则不敢称天,大夫不敢称君,亦所以示别。
⑨ 逸《诗》。
⑩ 盍旦,夜鸣求旦之鸟。言视彼求旦之鸟,以其求不可得之物,人犹患之,若人上僭于君,是亦求不可得之物,人之恶之可知。

坊记

子云:"君不与同姓同车,① 与异姓同车不同服,示民不嫌也。② 以此坊民,民犹得同姓以弑其君。"

子云:"君子辞贵不辞贱,辞富不辞贫,则乱益亡。故君子与其使食浮于人也,宁使人浮于食。"③

子云:"觞酒豆肉,让而受恶,民犹犯齿。④ 衽席之上,让而坐下,⑤ 民犹犯贵。朝廷之位,让而就贱,⑥ 民犹犯君。《诗》⑦ 云:'民之无良,相怨一方。受爵不让,至于已斯亡。'"

子云:"君子贵人而贱己,先人而后己,则民作让。故称人之君曰君,自称其君曰寡君。"

子云:"利禄先死者而后生者,则民不偝;⑧ 先亡者而后存者,则民可以托。⑨《诗》⑩ 云:'先君之

---

① 同姓,亲,嫌于为同,故不与同车。
② 异服以别之,则不嫌。
③ 食,言禄。人,言人之才能。
④ 受恶,自受其恶者。犯齿,言僭于年长者。
⑤ 坐下,坐于下位。
⑥ 言北面而朝。
⑦ 《诗·小雅·角弓》之篇。
⑧ 偝,bèi,通"背",背弃。
⑨ 言可信托。
⑩ 《诗·邶风·燕燕》之篇。

思,以畜寡人。'① 以此坊民,民犹偕死而号无告。"②

子云:"有国家者贵人而贱禄,则民兴让;尚技而贱车,则民兴艺。故君子约言,③ 小人先言。"④

子云:"上酌民言,则下天上施。⑤ 上不酌民言,则犯也;下不天上施,则乱也。故君子信让以莅百姓,则民之报礼重。《诗》⑥云:'先民有言,询于刍荛。'"

子云:"善则称人,过则称己,则民不争。善则称人,过则称己,则怨益亡。《诗》⑦云:'尔卜尔筮,履无咎言。'"⑧

子云:"善则称人,过则称己,则民让善。

---

① 言思及先君畜养寡人。此以证利禄先死者而后生者之意。
② 言民背弃死者,其家之老弱,则呼号无所告。
③ 言尚兴让兴艺,故不在多言。
④ 言不兴让不兴艺,惟言为先。
⑤ 酌,犹取也。下天上施,言君酌用民言,则下民之言亦如天,特非下施而上施。
⑥ 《诗·大雅·板》之篇。
⑦ 《诗·卫风·氓》之篇。
⑧ 履,《诗》作"体"。言卜之于龟,筮之于蓍,其卦兆之体皆无告凶之辞。校订者按:此二句见于《诗·卫风·氓》,曰:"尔卜尔筮,体无咎言。"

《诗》①云:'考卜惟王,度是镐京。惟龟正之,武王成之。'"②

子云:"善则称君,过则称己,则民作忠。《君陈》曰:'尔有嘉谋嘉猷,③入告尔君于内,女乃顺之于外。'曰:'此谋此猷,惟我君之德。'於乎!是惟良显哉!"④"

子云:"善则称亲,过则称己,则民作孝。《大誓》曰:'予克纣,非予武,惟朕文考无罪。⑤纣克予,非朕文考有罪,惟予小子无良。'"

子云:"君子弛⑥其亲之过而敬其美。"《论语》曰:"三年无改于父之道,可谓孝矣。"高宗云:"三年其惟不言,言乃欢。"⑦

---

① 《诗·大雅·文王有声》之篇。
② 言稽考龟卜者为武王,盖谋度居于镐京。惟龟正其吉兆,武王遂成此都。校订者按:镐京,西周国都,在今陕西省西安市。
③ 猷,道。校订者按,《方言》(卷三)云:"裕、猷,道也。东齐曰裕,或曰猷。"
④ 此赞美之语,谓"呜呼,是君德惟善良明显哉!"
⑤ 克,胜。文考,文王。
⑥ 弛,释。
⑦ 高宗,殷王武丁。此所引语,非高宗所说,盖《书》记高宗事之语。言在父丧三年之内,其惟不言;三年服毕,始有所言,则天下皆欢然。

子云:"从命不忿,微谏①不倦,劳而不怨,可谓孝矣。《诗》②云:'孝子不匮。'"③

子云:"睦于父母之党,④可谓孝矣。故君子因睦以合族。《诗》⑤云:'此令兄弟,绰绰有裕。不令兄弟,交相为瘉。'"⑥

子云:"于父之执,⑦可以乘其车,不可以衣其衣。君子以广孝也。"⑧

子云:"小人皆能养其亲,君子不敬,何以辨?"

子云:"父子不同位,以厚敬也。《书》⑨云:'厥辟不辟,忝厥祖。'"⑩

子云:"父母在,不称老,言孝不言慈。⑪ 闺门

---

① 微谏,缓和以谏。
② 《诗·大雅·既醉》之篇。
③ 匮,乏。言孝子行孝道无乏止之时。
④ 党,犹亲也。
⑤ 《诗·小雅·角弓》之篇。
⑥ 令,相善。绰绰,宽容貌。裕,宽裕。瘉,病。
⑦ 执,与父执志相同者。
⑧ 言敬父执同于父,所以广孝。
⑨ 《书·太甲》之篇。
⑩ 厥,其。辟,君。忝,辱。
⑪ 慈,爱于子。言慈将厚于子而薄于亲。

之内,戏而不叹。君子以此坊民,民犹薄于孝而厚于慈。"

子云:"长民者,朝廷敬老,则民作孝。"

子云:"祭祀之有尸也,宗庙之主也,示民有事也。① 修宗庙,敬祀事,教民追孝也。以此坊民,民犹忘其亲。"

子云:"敬则用祭器。② 故君子不以菲废礼,不以美没礼。③ 故食礼,主人亲馈则客祭,④ 主人不亲馈则客不祭。故君子苟无礼,虽美不食焉。《易》⑤曰:'东邻杀牛,不如西邻之禴祭,实受其福。'⑥《诗》⑦云:'既醉以酒,既饱以德。'⑧ 以此示民,民犹争利而忘义。"

---

① 尸,祭时由卑幼者为之,以为神所依。主,家庙所立以栖神者。有事,有所尊事。
② 言有朝聘冠昏等敬事,则用祭器。
③ 言菲不过俭,美不过奢,务得礼之中。
④ 祭,祭其食,所以敬其主。
⑤ 《易·既济》九五爻辞。
⑥ 言东邻杀牛,不如西邻禴祭,但杀豕而已,彼虽俭而敬,故实能受神之福祐。
⑦ 《诗·大雅·既醉》之篇。
⑧ 言饱领威仪美德之熏陶。

子云:"七日戒,三日齐,承一人焉以为尸,过之者趋走,以教敬也。醴酒在室,醍酒在堂,澄酒在下,示民不淫也。①尸饮三,众宾饮一,示民有上下②也。因其酒肉,聚其宗族,以教民睦也。故堂上观乎室,堂下观乎上。③《诗》④云:'礼仪卒度,笑语卒获。'"⑤

子云:"宾礼每进以让,丧礼每加以远。⑥浴于中霤,饭于牖下,小敛于户内,大敛于阼,殡于客位,祖于庭,葬于墓,⑦所以示远也。殷人吊于圹,周人吊于家,示民不偝也。"

子云:"死,民之卒事也,吾从周。⑧以此坊民,

---

① 醴,酒一宿者。醍,tǐ,酒成而红赤色。澄酒,酒成而滓沉。淫,犹贪也。言味渐美厚而陈设之转不尊,示不贪。
② 上下,犹尊卑也。
③ 言祭时威仪敬肃,堂上之人观乎在室之人,堂下之人观乎在堂之人而取法。
④ 《诗·小雅·楚茨》之篇。
⑤ 卒,尽。言礼仪尽合其度,笑语尽得其节。
⑥ 言宾礼之进行,持之以让,丧礼之进行,每加而愈远离。
⑦ 此皆丧礼示远之事。中霤,中室。阼,东阶。客位,西阶。祖,出行之祭。
⑧ 言死为民之终卒之事,若殷人吊于圹,情犹未尽,故从周。

诸侯犹有薨而不葬者。"

子云:"升自客阶,受吊于宾位,①教民追孝也。未没丧,②不称君,示民不争也。故鲁《春秋》记晋丧曰:'杀其君之子奚齐,及其君卓。'③以此坊民,子犹有弑其父者。"

子云:"孝以事君,弟以事长,示民不贰也。故君子有君不谋仕,④唯卜之日称二君。⑤丧父三年,丧君三年,示民不疑也。⑥父母在,不敢有⑦其身,不敢私其财,示民有上下也。故天子四海之内无客礼,莫敢为主焉。故君适其臣,升自阼阶,即位于堂,示民不敢有其室也。⑧父母在,馈献不及车马,示民不敢专也。以此坊民,民犹忘其亲而贰其君。"

---

① 此言反哭时。既葬犹不由阼阶,于宾位受吊,不忍即父位。
② 没丧,终丧。
③ 案:僖公九年秋九月,晋侯诡诸卒。冬,晋里克弑其君之子奚齐。十年,里克弑其君卓子。此卓子逾年弑而经书"其君",是逾年称君。
④ 有君,言方仕之时。不谋仕,不谋他仕。
⑤ 卜,言卜仕。君臣尚未定,故称二君以卜。
⑥ 言君丧亦为三年,所以示民不疑于君之尊。
⑦ 有,犹专也。
⑧ 言臣统于君,故君适其臣,如主人。

子云:"礼之先币帛也,欲民之先事而后禄也。^① 先财而后礼,则民利;^② 无辞而行情,^③ 则民争。故君子于有馈者,弗能见,^④ 则不视其馈。《易》^⑤曰:'不耕获,不菑畲,凶。'^⑥ 以此坊民,民犹贵禄而贱行。"

子云:"君子不尽利,以遗民。^⑦《诗》^⑧云:'彼有遗秉,此有不敛穧,伊寡妇之利。'^⑨ 故君子仕则不稼,田则不渔,食时不力珍,大夫不坐羊,士不坐犬。^⑩《诗》^⑪云:'采葑采菲,无以下体。^⑫ 德音莫

---

① 言先行相见之礼,然后奉币帛,是欲民之先事而后禄。
② 利,言贪利。
③ 言无辞让之礼而直行己情。
④ 言有事不能见。
⑤ 《易·无妄》六二爻辞。
⑥ 今《易·无妄》六二爻辞曰:"不耕获,不菑畲,则利有攸往。"不言"凶"。不耕获,不菑畲,言不耕而获,不菑而畲。一说,言耕而不期其获,菑而不期其畲。
⑦ 言不尽竭其利,而以余利遗民。
⑧ 《诗·小雅·大田》之篇。
⑨ 秉,禾盈把。穧,jì,获刈。言收获之际,彼处有遗留之禾把,此处有刈割未尽之禾,是惟寡妇之利。
⑩ 力珍,力求珍品。坐羊、坐犬,言无故杀羊犬而坐享之。
⑪ 《诗·邶风·谷风》之篇。
⑫ 言无以其根之不美而并弃其叶。

违,及尔同死。'①以此坊民,民犹忘义而争利,以亡其身。"

子云:"夫礼,坊民所淫,章民之别,使民无嫌,以为民纪者也。故男女无媒不交,无币不相见,恐男女之无别也。以此坊民,民犹有自献其身。《诗》②云:'伐柯如之何?匪斧不克。取妻如之何?匪媒不得。蓺麻如之何?横从其亩。③取妻如之何?必告父母。'"

子云:"取妻不取同姓,以厚别也。故买妾不知其姓,则卜之。以此坊民,鲁《春秋》犹去夫人之姓,曰'吴',④其死,曰'孟子卒'。"⑤

子云:"礼,非祭,男女不交爵。以此坊民,阳侯犹杀缪侯而窃其夫人。⑥故大飨废夫人之礼。"

---

① 言德音无相乖违,可以相与同至于死。
② 《诗·齐风·南山》之篇。
③ 言先纵横耕治其田亩。
④ 依《春秋》例,夫人吴女,当云"夫人姬氏至自吴"。特以鲁亦姬姓,讳言之而称吴,是去夫人之姓。
⑤ 本当云"夫人姬氏薨",以讳取同姓,故书其且字,且称卒。
⑥ 阳侯、缪侯是两君之谥,不知为何国之君。据此处当是缪侯与夫人同飨阳侯,阳侯见缪侯夫人之美,遂杀缪侯而取其夫人。

子云:"寡妇之子,不有见①焉,则弗友也,君子以辟远也。故朋友之交,主人不在,不有大故,则不入其门。以此坊民,民犹以色厚于德。"

子云:"好德如好色。诸侯不下渔色。故君子远色,以为民纪。故男女授受不亲。御妇人,则进左手。②姑、姊、妹、女子子已嫁而反,男子不与同席而坐。寡妇不夜哭。妇人疾,问之,不问其疾。③以此坊民,民犹淫泆而乱于族。"

子云:"昏礼,婿亲迎,见于舅姑,舅姑承子以授婿,④恐事之违也。以此坊民,妇犹有不至⑤者。"

---

① 有见,言睹其材艺。
② 妇人在车居左。御者居右,以左手前执辔,面则向右避之。
③ 言不问其疾之所在。
④ 言承奉其女以付授于婿。
⑤ 不至,不亲夫以孝舅姑。

中庸①

  天命②之谓性,率性③之谓道,修道④之谓教。道也者,不可须臾离也,可离非道也。是故君子戒慎乎其所不睹,恐惧乎其所不闻。⑤莫见乎隐,莫显乎微,故君子慎其独⑥也。喜怒哀乐之未发谓之中,发而皆中节谓之和。中⑦也者,天下之大本也;和也者,天下之达道也。致中和,天地位焉,万

---

① 庸,用。以其记中和之为用,故曰《中庸》。一说,庸,常。与中对称,言论中与庸之为德。
② 天命,言天所赋予。
③ 率,循。率性,言循性而行。
④ 修道,言修治而趋于率性而行之境。
⑤ 不睹、不闻,皆言至为隐微之处。
⑥ 慎其独,言致慎于存心之独念。
⑦ 以其未发,无过不及,故谓中。

物育焉。①

仲尼曰:"君子中庸,小人反中庸。②君子之中庸也,君子而时中;小人之中庸也,小人而无忌惮也。"③

子曰:"中庸其至矣乎!民鲜能久矣!"

子曰:"道之不行也,我知之矣,知者过之,愚者不及也。④道之不明也,我知之矣,贤者过之,不肖者不及也。⑤人莫不饮食也,鲜能知味也。"⑥

子曰:"道其不行矣夫!"

子曰:"舜其大知也与!舜好问而好察迩言,隐恶而扬善,执其两端,⑦用其中于民。其斯以为舜乎!"

---

① 致,推而极之。位,正。育,生长。
② 庸,常。如喜怒哀乐发而皆中节。
③ "君子而时中"之"君子","小人而无忌惮也"之"小人",皆包德行容貌之全而言。时中,言随时能致其中。小人之中庸也,言小人自以下所称之"小人而无忌惮"为中庸。
④ 言知者知道而过之,愚者既不知道,自不能行,此道之所以不行。
⑤ 言贤者行道而过之,不肖者既不行道,自无所知,此道之所以不明。
⑥ 莫不饮食,喻人莫不由于道。鲜能知味,喻明道者寡。
⑦ 迩言,近言。好察迩言,则远者之必察可知矣。两端,相反之两端,如过与不及。执其两端,言持其两端而挈度其中。

中庸

子曰:"人皆曰予知,驱而纳诸罟擭陷阱之中,而莫之知辟也。① 人皆曰予知,择乎中庸而不能期月守也。②"

子曰:"回之为人也,择乎中庸,得一善,则拳拳服膺③而弗失之矣。"

子曰:"天下国家可均也,爵禄可辞也,白刃可蹈也,中庸不可能④也。"

子路问强。子曰:"南方之强与?北方之强与?抑而强与?⑤ 宽柔以教,不报无道,南方之强也,君子居之。⑥ 衽金革,死而不厌,北方之强也,而强者居之。⑦ 故君子和而不流,强哉矫!中立而不倚,强哉矫!国有道,不变塞焉,强哉矫!国无

---

① 罟,网。擭,huò,捕兽之机槛。辟,通"避",躲避。纳诸罟擭陷阱之中而莫之知辟,正见其无所知。此语与下语皆就众人言之。
② 期,周日。月,一月。言择中庸而为之,乃不能久守,亦正见其无所知。
③ 拳拳,奉持之貌。服膺,守之于心。
④ 不可能,言难能。
⑤ 而,汝。言抑是汝之强。
⑥ 不报无道,言人或以无道加己,己不之报。居,犹处也。居之,言以此自处。
⑦ 衽,犹席也。强者,言强力之人。

道,至死不变,强哉矫!"①

子曰:"素隐行怪,②后世有述焉,吾弗为之矣。君子遵道而行,半涂而废,吾弗能已矣。君子依乎中庸,遁世不见知而不悔,唯圣者能之。君子之道费而隐。③夫妇之愚,可以与知焉;及其至也,虽圣人亦有所不知焉。夫妇之不肖,可以能行焉;及其至也,虽圣人亦有所不能焉。天地之大也,人犹有所憾。④故君子语大,天下莫能载焉;语小,天下莫能破焉。⑤《诗》⑥云:'鸢飞戾⑦天,鱼跃于渊。'言其上下察也。⑧君子之道,造端乎夫妇;及其至也,

---

① 不流,不移。不倚,不偏。塞,犹实也。不变塞,言不变其德行之充实。矫,强貌。一说,所称君子之四项,全由矫偏持中而来,故均下一"矫"字;强哉,则所以状之。
② 素,向。言身向幽隐,而行怪异之事,以求立名,使后世有所称述。一说,素,通"索"。素隐,言探索幽隐之事。又一说,素,如字。素隐行怪,言素乎隐居,又行怪以求名。
③ 费,繁广。费而隐,言普遍而又隐微。
④ 言人于天地犹有所怨恨。
⑤ 语大,言其深者大者。语小,言其浅者细者。莫能破,言纤细之至,莫能分破。
⑥ 《诗·大雅·旱麓》之篇。
⑦ 戾,至。
⑧ 察,犹著也。上下察,言无所不著明。

察乎天地。"

子曰："道不远人，人之为道而远人，不可以为道。①《诗》②云：'伐柯伐柯，其则不远。'③执柯以伐柯，睨而视之，犹以为远。④故君子以人治人，改而止。⑤忠恕违道不远，⑥施诸己而不愿，亦勿施于人。君子之道四，丘未能一焉。所求乎子以事父，未能也；所求乎臣以事君，未能也；所求乎弟以事兄，未能也；所求乎朋友先施之，未能也。⑦庸德之行，庸言之谨，⑧有所不足，不敢不勉，有余，不敢尽，⑨言顾行，行顾言，君子胡不慥慥尔！⑩君子

---

① 言道不远于人，为道而远于人者，不可以为道。
② 《诗·豳风·伐柯》之篇。
③ 柯，斧柄。则，法。言执柯以伐木，即可以柯为之尺度，是其法不远。
④ 言此实不远，而人睨而视之，犹以为远，则以所执所伐二物故。
⑤ 以人治人，言以人之道治人。改，言改向而合于人之道。止，言止于其所改向。
⑥ 言忠恕近于道。
⑦ 四者皆设想己所求于人者为何，即由之以施于人。
⑧ 庸，常。言常德之能行，常言之能谨。
⑨ 不足、有余，皆言才行。
⑩ 慥慥，笃实之貌。尔，犹然也。言既顾言行相副，君子何得不慥慥尔。

素其位而行，不愿乎其外。①素富贵，行乎富贵；素贫贱，行乎贫贱；素夷狄，行乎夷狄；素患难，行乎患难。君子无入②而不自得焉。在上位，不陵下；在下位，不援上。正己而不求于人，③则无怨。上不怨天，下不尤人。故君子居易以俟命，④小人行险以徼幸。"

子曰："射有似乎君子，失诸正鹄，反求诸其身。⑤君子之道，辟如行远必自迩，辟如登高必自卑。《诗》⑥曰：'妻子好合，如鼓瑟琴。兄弟既翕，和乐且耽。⑦宜尔室家，乐尔妻帑。'"子曰："父母其顺矣乎！"⑧

子曰："鬼神之为德，其盛矣乎！视之而弗见，听之而弗闻，体物而不可遗，⑨使天下之人齐明

---

① 素，处其平素之常。位，犹言本分。愿，包举愿欲思虑言之。
② 无入，犹无往也。
③ 言正己之行而不兼以责人。
④ 居易以俟命，言自处于平安之中，以待自然之命。
⑤ 言射近乎君子之道，发矢不中正鹄，必反躬自省其不中之因。
⑥ 《诗·小雅·棠棣》之篇。
⑦ 翕，情意和合。耽，乐之甚。
⑧ 言家人相得如此，则父母之心顺。
⑨ 言默体于物，而知鬼神自有不可遗者。

盛服①以承祭祀，洋洋乎②如在其上，如在其左右。《诗》③曰：'神之格思，不可度思，矧可射思。'④夫微之显，⑤诚之不可掩如此夫！"

子曰："舜其大孝也与！德为圣人，尊为天子，富有四海之内，宗庙飨之，子孙保之。⑥故大德必得其位，必得其禄，必得其名，必得其寿。故天之生物，必因其材而笃焉。⑦故栽者培之，倾者覆之。⑧《诗》⑨曰：'嘉乐君子，宪宪令德。⑩宜民宜人，受禄于天。保佑命之，自天申之。'⑪故大德者必受命。"

子曰："无忧者，其唯文王乎！以王季为父，

---

① 明，犹洁也。言斋戒，明洁，盛饰衣服。
② 洋洋乎，人想见其仿佛之貌。
③ 《诗·大雅·抑》之篇。
④ 格，来。度，度知。矧，况。射，yì，通"斁"，厌。思，语助词。
⑤ 言隐微而殊著显。
⑥ 言立宗庙以飨祖考，使子孙承保其祭祀。
⑦ 材，质性。笃，厚。言随其质性而厚之，善者因厚其福，恶者因厚其毒。
⑧ 栽者，能自殖者。倾者，自取倾危者。培之、覆之，皆自天言。
⑨ 《诗·大雅·嘉乐》之篇。
⑩ 嘉，善。宪宪，兴盛之貌。
⑪ 言天保之佑之，授之以命，又申重福之。

以武王为子，父作之，子述之。武王缵①大王、王季、文王之绪，壹戎衣②而有天下，身不失天下之显名，尊为天子，富有四海之内，宗庙飨之，子孙保之。武王末受命，③周公成文、武之德，追王大王、王季，上祀先公以天子之礼。斯礼也，达乎诸侯大夫及士庶人。父为大夫，子为士，葬以大夫，祭以士；父为士，子为大夫，葬以士，祭以大夫。④期之丧达乎大夫，⑤三年之丧达乎天子，父母之丧无贵贱，一也。"

子曰："武王、周公，其达孝⑥矣乎！夫孝者，善继人之志，善述人之事者也。春秋修其祖庙，陈其宗器，设其裳衣，⑦荐其时食。宗庙之礼，所以序

---

① 缵，继。
② 壹，通"殪"。衣，通"殷"，商朝。言灭戎殷。校订者按：壹戎衣，即《尚书·康诰》之"殪戎衣"。郑玄注云："'衣'读如'殷'，声之误也。"
③ 末受命，言老而受天命。
④ 言葬从死者，祭从生者。
⑤ 期之丧有二：有正统之期，有旁亲之期。正期虽天子诸侯不降，旁期天子诸侯绝而大夫降。大夫虽降，犹服大功，故言达乎大夫。
⑥ 达孝，言不特身尽其孝，且能达乎天下。
⑦ 宗器，祭器。裳衣，先祖之遗衣服。设之，当以授尸。

昭穆①也；序爵，所以辨贵贱也；序事，②所以辨贤也；旅酬下为上，③所以逮贱也；燕毛，④所以序齿也。践其位，行其礼，奏其乐，敬其所尊，爱其所亲，事死如事生，事亡如事存，孝之至也。郊社之礼，所以事上帝也。宗庙之礼，所以祀乎其先也。明乎郊社之礼、禘尝⑤之义，治国其如示诸掌乎！"

哀公问政。子曰："文、武之政，布在方策。⑥其人存，则其政举；其人亡，则其政息。人道敏政，地道敏树。⑦夫政也者，蒲卢也。⑧故为政在人，取人以身，⑨修身以道，修道以仁。仁者，人也，⑩亲亲为大。义者，宜也，尊贤为大。亲亲之杀，⑪尊

---

① 昭穆，宗庙之位，左曰昭，右曰穆。
② 言依官爵使掌祭祀之各事，所以分别贤能。
③ 旅酬，大祭均神惠之礼。为，被。祭，以神为上，祭者为下，尸自止其爵而使均惠于在庭，是下被上酬。
④ 此祭毕行赐爵礼，任其欢燕，以毛发之色为序。
⑤ 禘、尝，皆祭名。
⑥ 方，版。策，简。
⑦ 敏，速。言人道莫敏于政，地道莫敏于树。
⑧ 蒲卢，即螟蠃，土蜂。古传蒲卢取桑虫之子以为己子，善为政者能化养他民以为己民，颇相似。
⑨ 言能否得人视其身之修不修。
⑩ 犹言人之道也。
⑪ 杀，shài，减。言亲亲之礼，自至亲而以次衰杀。

贤之等，礼所生也。在下位不获乎上，民不可得而治矣。故君子不可以不修身。思修身，不可以不事亲。思事亲，不可以不知人。思知人，不可以不知天。天下之达道五，所以行之者三。曰：君臣也，父子也，夫妇也，昆弟也，朋友之交也。五者，天下之达道也。知、仁、勇三者，天下之达德也，所以行之者一也。[1]或生而知之，或学而知之，或困而知之，及其知之一也。或安而行之，或利而行之，[2]或勉强而行之，及其成功一也。"

子曰："好学近乎知，力行近乎仁，知耻近乎勇。知斯三者，则知所以修身。知所以修身，则知所以治人。知所以治人，则知所以治天下国家矣。

"凡为天下国家有九经，[3]曰：修身也，尊贤也，亲亲也，敬大臣也，体群臣也，子庶民也，来百工也，柔远人也，怀诸侯也。[4]修身则道立，尊贤则不

---

[1] 言知仁勇虽有三，而所以行之者，一而已矣。
[2] 安行，言无所为而行之，至安顺。利行，言有所为而行之。
[3] 经，常道。
[4] 体群臣，言视群臣皆如己之四体而善用之。来，招致之。柔，使之顺服。怀，安抚之。

惑,^① 亲亲则诸父昆弟不怨,敬大臣则不眩,^② 体群臣则士之报礼重,^③ 子庶民则百姓劝,来百工则财用足,柔远人则四方归之,怀诸侯则天下畏之。

"齐明盛服,非礼不动,所以修身也。去谗远色,贱货而贵德,所以劝贤也。尊其位,重其禄,同其好恶,所以劝亲亲也。官盛任使,^④ 所以劝大臣也。忠信重禄,^⑤ 所以劝士也。时使^⑥薄敛,所以劝百姓也。日省月试,既廪称事,^⑦ 所以劝百工也。送往迎来,嘉善而矜不能,^⑧ 所以柔远人也。继绝世,举废国,治乱持危,^⑨ 朝聘以时,厚往而薄来,所以怀诸侯也。

---

① 以得贤人辅弼,故临事不惑。
② 眩,惑。
③ 言能善用群臣,则群臣感恩效力,不惜其身,是报礼重。
④ 言官之盛大有属臣者,当令任使属臣,不可专劳大臣。
⑤ 言忠信者则重其禄。
⑥ 言使之以时。
⑦ 既,xì,通"饩",粮食。既廪,工食。言以日以月省试其所作,所授工食称其所事。
⑧ 言善者则嘉赏之,不能者则矜恤之。
⑨ 世,人之统绪。国,地之封域。言世绝为继之,国废为举之,有乱为治之,有危为扶之。

"凡为天下国家有九经,所以行之者一也。凡事豫①则立,不豫则废。言前定则不跲,事前定则不困,行前定则不疚,②道前定则不穷。

"在下位不获乎上,③民不可得而治矣。获乎上有道,不信乎朋友,不获乎上矣。信乎朋友有道,不顺乎亲,不信乎朋友矣。顺乎亲有道,反诸身不诚,④不顺乎亲矣。诚身有道,不明乎善,不诚乎身矣。

"诚者,天之道也。诚之者,⑤人之道也。诚者,不勉而中,⑥不思而得,从容中道,圣人也。诚之者,择善而固执之者也。博学之,审问之,慎思之,明辨之,笃行之。有弗学,学之弗能弗措也;有弗问,问之弗知弗措也;有弗思,思之弗得弗措也;有弗辨,辨之弗明弗措也;有弗行,行之弗笃

---

① 豫,前定。
② 跲,jiá,踬。疚,病。
③ 不获乎上,言不得于君。
④ 言反求诸身而觉不诚。
⑤ 言求至于诚。
⑥ 言不必勉励而自中当于善。

弗措也。① 人一能之,己百之;人十能之,己千之。② 果能此道矣,虽愚必明,虽柔必强。

"自诚明,③ 谓之性。自明诚,④ 谓之教。诚则明矣,明则诚矣。⑤

"唯天下至诚,为能尽其性。能尽其性,则能尽人之性。能尽人之性,则能尽物之性。能尽物之性,则可以赞天地之化育。⑥ 可以赞天地之化育,则可以与天地参矣。⑦

"其次致曲。曲能有诚,⑧ 诚则形,⑨ 形则著,著则明,明则动,⑩ 动则变,变则化。⑪ 唯天下至诚为能化。

---

① 措,置。皆言有不具于身者,必求得之,不得则不置。
② 一、百、十、千,言用功致力之倍数。
③ 言由诚而明。
④ 言由明而诚。
⑤ 言其归一。
⑥ 赞,助。言治世致太平。
⑦ 言德参天地。
⑧ 其次,言自明诚者。致曲,言致其委曲以求其达。曲能有诚,言致曲而终达,亦能有诚,与自诚明者无以异。
⑨ 形,显现。言诚于中,现于外。
⑩ 言至于明,则能感动乎众。
⑪ 变,变易。化,成化。

"至诚之道,可以前知。国家将兴,必有祯祥;国家将亡,必有妖孽。见乎蓍龟,动乎四体。① 祸福将至,善必先知之,不善必先知之。故至诚如神。

"诚者自成也,而道自道也。② 诚者物之终始,不诚无物。是故君子诚之为贵。诚者,非自成己而已也,所以成物也。成己,仁也;成物,知也。性之德也,合外内之道也,故时措之宜也。③

"故至诚无息。不息则久,久则征,④ 征则悠远,悠远则博厚,博厚则高明。博厚所以载物也,高明所以覆物也,悠久所以成物也。博厚配地,高明配天,悠久无疆。如此者,不见而章,不动而变,无为而成。天地之道,可壹言而尽也。其为物不贰,则其生物不测。⑤ 天地之道,博也,厚也,高也,明也,悠也,久也。

---

① 言祸福先兆,有见于卜筮者,有形于人身动作者。一说,四体,为龟之四体,言春占前左,夏占后左,秋占前右,冬占后右。
② 自成,犹言成己也。自道,道达。
③ 言诚为性之具德,合一外内之道,故宜随时用之。
④ 征,验。言久则有征验。
⑤ 言能至诚无二,则化成庶物,不可测量。

"今夫天,斯昭昭之多,[1]及其无穷也,日月星辰系焉,万物覆焉。今夫地,一撮土之多,及其广厚,载华岳而不重,振河海而不泄,万物载焉。今夫山,一卷[2]石之多,及其广大,草木生之,禽兽居之,宝藏兴焉。今夫水,一勺之多,及其不测,鼋鼍蛟龙鱼鳖生焉,货财殖焉。《诗》[3]云:'惟天之命,於穆不已。'[4]盖曰天之所以为天也。'於乎不显,[5]文王之德之纯!'盖曰文王之所以为文也,纯亦不已。[6]

"大哉!圣人之道。洋洋乎!发育万物,峻极于天,优优大哉!礼仪三百,威仪三千,[7]待其人然

---

[1] 昭昭,犹耿耿,小明。言天初时惟有此昭昭之多。此与下文地曰撮土,山曰卷石,水曰一勺,皆以明始甚小而终盛大之义,非真谓天地山川必由积累而成。
[2] 卷,通"拳"。
[3] 《诗·周颂·维天之命》之篇。
[4] 於,wū,叹美词。穆,美。言美之不休已。
[5] 显,光明。言呜呼不亦光明乎。一说,言文王之德纯粹而不显露。
[6] 言其德之纯,亦如天之至诚不休已。
[7] 优优,宽裕之貌。礼仪,如冠昏、丧祭、朝觐、会同之类。威仪,如进退、升降、俯仰、揖让之类。三百、三千,言其多。

后行。① 故曰：'苟不至德，至道不凝焉。'② 故君子尊德性而道问学，③ 致广大而尽精微，极高明而道中庸，④ 温故而知新，敦厚以崇礼。是故居上不骄，为下不倍。⑤ 国有道，其言足以兴；国无道，其默足以容。⑥《诗》⑦曰：'既明且哲，以保其身。'其此之谓与！"

子曰："愚而好自用，贱而好自专。生乎今之世，反古之道。如此者，灾及其身者也。"非天子，不议礼，不制度，不考文。⑧ 今天下车同轨，书同文，行同伦。虽有其位，苟无其德，不敢作礼乐焉。虽有其德，苟无其位，亦不敢作礼乐焉。"

---

① 言道散于礼，必有道之人然后能行此礼。
② "苟不至德"之"不"，非。言苟非至德之人，则圣人至极之道不可成。
③ 道，由。言尊德性而由问学以达之。
④ 广大者每多阔略，故又必尽精微；高明者每多穷奇，故又必道中庸。
⑤ 言居下位而能顺。
⑥ 兴，兴成其国。容，自容其身，免于祸患。
⑦《诗·大雅·烝民》之篇。
⑧ 礼，包乐而言之，乐亦是礼。度与文兼礼、乐言之，礼、乐皆有度有文。

中庸

子曰:"吾说夏礼,杞不足征也。① 吾学殷礼,有宋存焉。② 吾学周礼,今用之,③ 吾从周。"王天下有三重④焉,其寡过矣乎!上焉者⑤虽善无征,无征不信,不信民弗从。下焉者虽善不尊,⑥ 不尊不信,不信民弗从。故君子之道,本诸身,征诸庶民,考诸三王而不缪,建诸天地而不悖,质诸鬼神而无疑,⑦ 百世以俟圣人而不惑。质诸鬼神而无疑,知天也;百世以俟圣人而不惑,知人也。是故君子动而世为天下道,行而世为天下法,言而世为天下则。远之则有望,⑧ 近之则不厌。《诗》⑨曰:"在彼无恶,在此无射。⑩ 庶几夙夜,以永终誉。"⑪ 君子未有不如

---

① 说,略说之。征,证。言杞虽为夏后,然欲略说夏礼,而杞不足取证。
② 学之者,以世近而详。有宋存,言行殷礼者仅宋存。
③ 言当世皆用之。
④ 三重,言议礼、制度、考文。一说,言德、位、时三者。
⑤ 上焉者,言夏礼。
⑥ 下焉者,言殷礼。不尊,言行殷礼者仅有宋存,不为人所尊。
⑦ 建诸天地,言建立于天地之间。质,正。质诸鬼神,言质正于鬼神之神明。
⑧ 言远离之则企望弥深。
⑨ 《诗·周颂·振鹭》之篇。
⑩ 射,yì,通"斁",厌。言于彼于此俱不受人厌恶。
⑪ 言若尔人者,庶几能夙夜永终其誉。

此而蚤有誉于天下者也。

仲尼祖述尧、舜，宪章①文、武，上律天时，下袭水土。②辟如天地之无不持载、无不覆帱，③辟如四时之错行，④如日月之代明。万物并育而不相害，道并行而不相悖，小德川流，大德敦化，⑤此天地之所以为大也。⑥

唯天下至圣，为能聪明睿知足以有临也，宽裕温柔足以有容也，发强刚毅足以有执也，齐庄中正足以有敬也，文理密察足以有别也。⑦溥博渊泉而时出之，⑧溥博如天，渊泉如渊。见而民莫不敬，言而民莫不信，行而民莫不说。⑨是以声名洋溢乎中国，

---

① 宪，则法。章，著明。
② 律，法。律天时，言举措语默，通于四时。袭，因。袭水土，言修教易俗，各因其宜。
③ 帱，dào，覆。
④ 错行，循环不息。
⑤ 小德川流，言圣心之条理分派。大德敦化，言圣心之化育完具。
⑥ 此以喻孔子之德。
⑦ 临，临事。容，包容。执，执守。齐，通"斋"。文，有节文。理，通伦理。
⑧ 溥，遍。博，广。渊，深。泉，不竭。时出之，当其时而应付之。此形容圣人德性之纯。
⑨ 说，通"悦"，喜悦，高兴。

施①及蛮貊，舟车所至，人力所通，天之所覆，地之所载，日月所照，霜露所队，②凡有血气者，莫不尊亲，③故曰配天。

唯天下至诚，为能经纶天下之大经，立天下之大本，知天地之化育。夫焉有所倚？④肫肫其仁！渊渊其渊！浩浩其天！⑤苟不固聪明圣知达天德者，其孰能知之？⑥

《诗》⑦曰："衣锦尚䌹。"⑧恶其文之著也。⑨故君子之道，暗然而日章；小人之道，的然而日亡。⑩君子之道，淡而不厌，简而文，温而理，知远之近，知风之自，知微之显，⑪可与入德矣。《诗》⑫

---

① 施，yì，延。
② 队，zhuì，通"坠"，落。
③ 尊亲，尊而亲之。
④ 焉有所倚，言无所偏倚。
⑤ 言其深有如渊，其大有如天。
⑥ 言非固具聪明圣知而达于天德者不足以知之。
⑦ 《诗·卫风·硕人》有"衣锦褧衣"之句，与此相近，而非一也。
⑧ 䌹，襌衣，女子临嫁在途所被，所以障尘。言衣锦尚着襌衣。
⑨ 言不欲锦衣之华采太著，所以加被襌衣。
⑩ 暗然，不甚章显。的然，明显。
⑪ 言远之近、风之自，皆其微者。能知之，则能知微之显。
⑫ 《诗·小雅·正月》之篇。

云:"潜虽伏矣,亦孔之昭!"① 故君子内省不疚,无恶于志。② 君子所不可及者,其唯人之所不见乎!《诗》③云:"相在尔室,尚不愧于屋漏。"④ 故君子不动而敬,不言而信。《诗》⑤曰:"奏假无言,时靡有争。"⑥ 是故君子不赏而民劝,不怒而民威于铁钺。《诗》⑦曰:"不显惟德,百辟其刑之。"⑧ 是故君子笃恭而天下平。《诗》⑨曰:"予怀明德,不大声以色。"⑩ 子曰:"声色之于以化民,末也。"⑪《诗》⑫

---

① 言鱼潜于水,虽曰隐伏,亦甚昭明。
② 言亦无损害于己志。此就不用世言之。
③ 《诗·大雅·抑》之篇。
④ 相,视。屋漏,室西北隅。言视尔独居于室之时,亦当庶几不愧于屋漏,然后可。
⑤ 《诗·商颂·烈祖》之篇。
⑥ 假,大。言祭时奏此大乐,人皆肃静无言,以时既太平,无有争讼之事。
⑦ 《诗·周颂·烈文》之篇。
⑧ 不显,言不亦显乎。辟,君。刑,法。言文王之德不亦显乎,诸侯皆法之。
⑨ 《诗·大雅·皇矣》之篇。
⑩ 言天谓文王:我怀念尔之明德,以尔不大作声音以为严厉之色。
⑪ 言以大声厉色化民,是末道。
⑫ 《诗·大雅·烝民》之篇。

曰:"德辖如毛",① 毛犹有伦,② "上天之载,无声无臭",③ 至矣!

---

① 辖,轻。言用德化民,其轻如毛。
② 伦,比。言毛犹有形迹可比,取以状德,实未切合。
③ 此《诗·大雅·文王》篇句。上天之载,言天所载之道。此以比圣人之至德。

表记①

子言之:"归乎!②君子隐而显,不矜③而庄,不厉而威,不言而信。"

子曰:"君子不失足④于人,不失色⑤于人,不失口于人。是故君子貌足畏也,色足惮也,言足信也。《甫刑》曰:'敬忌而罔有择言在躬。'"⑥

---

① 此篇与《坊记》相似。惟《坊记》示人以所当戒,故以"坊"为名;此篇示人以所当法,故曰《表记》。
② 孔子身在他国,不被任用,故言"归乎"。
③ 不矜,言不自尊大。
④ 足,举动,举动即貌,主于足,故言足。
⑤ 色,颜色见于面目者。
⑥ 言恭敬戒慎,则无有可择去之言(恶言)加于身。校订者按:《甫刑》为《尚书》篇名,亦称《吕刑》。

表记

子曰:"裼袭之不相因也,① 欲民之毋相渎也。"

子曰:"祭极敬,不继之以乐;朝极辨,不继之以倦。"②

子曰:"君子慎以辟祸,笃以不掩,③ 恭以远耻。"

子曰:"君子庄敬日强,安肆日偷。君子不以一日使其躬儳焉④如不终日。"

子曰:"齐戒以事鬼神,择日月以见君,恐民之不敬也。"

子曰:"狎侮死焉而不畏也。"⑤

子曰:"无辞不相接也,无礼不相见也,欲民之毋相亵也。《易》⑥曰:'初筮告,再三渎,渎则不告。'"⑦

子言之:"仁者,天下之表也;义者,天下之

---

① 单衣曰裼,重掩曰袭。不相因,言有以裼为敬,有以袭为敬,视所行礼而互用之。
② 极,尽。尽则不能有所继。
③ 辟,通"避",躲避。不掩,言无所掩饰,即诚。
④ 儳,chàn。儳焉,可轻贱之貌。
⑤ 此致慨于小人。
⑥ 《易·蒙》卦辞。
⑦ 筮,问。渎,亵。言童蒙初来问师,师则告之。若再三来问,是为亵渎,渎则不复告之。

制也；报①者，天下之利也。"

子曰："以德报德，则民有所劝。以怨报怨，则民有所惩。《诗》②曰：'无言不雠，③无德不报。'《大甲》曰：'民非后，无能胥以宁；后非民，无以辟四方。'"④

子曰："以德报怨，则宽身之仁也；⑤以怨报德，则刑戮之民也。"

子曰："无欲而好仁者，无畏而恶不仁者，天下一人⑥而已矣。是故君子议道自己，而置法以民。"⑦

子曰："仁有三，与仁同功而异情。⑧与仁同功，其仁未可知也；与仁同过，然后其仁可知也。⑨仁

---

① 报，往来报施。
② 《诗·大雅·抑》之篇。
③ 雠，犹答也。
④ 后，君。胥，相。辟，君领。言民非君无能相匡正以自安居，君非民无以君领四方。
⑤ 言以德报怨为以宽自居于身之仁。一说，仁，系"人"字之误。
⑥ 天下一人，甚言其少。
⑦ 言议道自己而始，置法则以民之所能者为断。
⑧ 同功，言效果相同。异情，言致此之情互异。
⑨ 过，言利之与害。若遭遇利害之事，其行仁之情则可知矣。

者安仁，知者利仁，畏罪者强仁。仁者，右也；道者，左也。①仁者，人也；②道者，义也。厚于仁者薄于义，亲而不尊；厚于义者薄于仁，尊而不亲。道有至、义，有考。③至道以王，义道以霸，考道以为无失。"

子言之："仁有数，义有长短小大。④中心憯怛，爱人之仁也。率法而强之，资仁者也。⑤《诗》⑥云：'丰水有芑，武王岂不仕？诒厥孙谋，以燕翼子。武王烝哉！'⑦数世之人⑧也。《国风》⑨曰：'我今不阅，皇恤我后。'⑩终身之仁也。"

---

① 左、右，言相须而成。
② 言仁者，人之道也，以人情相爱偶。
③ 至，言兼行仁义，行之至极。义，言止有义而无仁。考，成。言于仁义之中取其一事，勉力成之。
④ 长短大小亦数，互言之耳。
⑤ 资，取。言取于仁而行。
⑥ 《诗·大雅·文王有声》之篇。
⑦ 仕，事。诒，遗。燕，安。翼，敬。烝，君。言丰水犹有芑，武王岂无所事乎？其事则遗其后世之子孙以善谋，以安翼其子。武王诚有为君之德哉！
⑧ 人，应作"仁"。
⑨ 《诗·邶风·谷风》之篇。
⑩ 阅，犹容也。皇，暇。恤，忧。言我今尚恐不能自容，更何暇忧我后之人乎？

子曰:"仁之为器重,其为道远,举者莫能胜也,行者莫能致也。① 取数多者,仁也。② 夫勉于仁者,不亦难乎?是故君子以义度人,则难为人;以人望人,则贤者可知已矣。"③

子曰:"中心安仁者,天下一人而已矣。《大雅》④曰:'德輶如毛,⑤民鲜克举之。我仪图之,惟仲山甫举之,爱莫助之。'⑥《小雅》⑦曰:'高山仰止,景行行止。'"⑧子曰:"《诗》之好仁如此。乡道而行,中道而废,忘身之老也,不知年数之不足也,俛焉日有孳孳,毙而后已。"⑨

---

① 胜,言胜其任。致,言致其至。
② 言计天下之道,仁居其多。
③ 言悬古义以拟度于人,则人难及;举今世之人以相望,则其贤者以比类而见。
④ 《诗·大雅·烝民》之篇。
⑤ 輶,轻。言德之易举。
⑥ 仪,度。图,谋。言民鲜克举此德而我度谋之,惟仲山甫则能举之,我爱其人,思助之而又莫之能。
⑦ 《诗·小雅·车舝》之篇。
⑧ 景行,大道。言高山则可仰而陟其巅,大道则可行而诣其极。
⑨ 乡,通"向"。俛焉,勤劳之貌。言人当向仁而行,若半途而废,是忘其身之老,且不知将来年数之不足,须得俛焉勤劳,惟日孳孳,死而后已。

子曰:"仁之难成久矣!人人失其所好。① 故仁者之过易辞也。"②

子曰:"恭近礼,俭近仁,信近情。敬让以行,此虽有过,其不甚矣。夫恭寡过,情可信,俭易容也。以此失之者,不亦鲜乎?《诗》③曰:'温温恭人,惟德之基。'"

子曰:"仁之难成久矣!惟君子能之。是故君子不以其所能者病人,不以人之所不能者愧人。是故圣人之制行也,不制以己,使民有所劝勉愧耻,以行其言。④ 礼以节之,信以结之,容貌以文之,衣服以移之,朋友以极之,⑤ 欲民之有壹也。《小雅》⑥曰:'不愧于人,不畏于天。'是故君子服其服,则文以君子之容;有其容,则文以君子之辞;遂其辞,则实以君子之德。是故君子耻服其服而无其

---

① 言仁之难成,由人人失其所好。
② 易辞,言其过可以情理原。
③ 《诗·大雅·抑》之篇。
④ 不制以己,言不以己之所能为制法。劝勉,言贤者有所观感而加勉。愧耻,言不及者知所愧耻而遵行。
⑤ 移,易之使成俗。极,致其极。
⑥ 《诗·小雅·何人斯》之篇。

容,耻有其容而无其辞,耻有其辞而无其德,耻有其德而无其行。是故君子衰绖则有哀色,端冕则有敬色,甲胄则有不可辱之色。①《诗》②云:'惟鹈在梁,不濡其翼。彼记之子,不称其服。'"③

子言之:"君子之所谓义者,贵贱皆有事于天下。天子亲耕,粢盛秬鬯,④以事上帝,故诸侯勤以辅事于天子。"

子曰:"下之事上也,虽有庇民之大德,不敢有君民之心,仁之厚也。是故君子恭俭以求役⑤仁,信让以求役礼,不自尚其事,不自尊其身,俭于位而寡于欲,让于贤,卑己而尊人,小心而畏义,求以事君,得之自是,⑥不得自是,以听天命。《诗》⑦云:'莫莫葛藟,施于条枚。⑧凯弟君子,求福不

---

① 衰绖,丧服。端冕,祭服。甲胄,兵服。
② 《诗·曹风·候人》之篇。
③ 鹈,tí,水鸟。记,语词。言鹈居鱼梁,不以濡污其翼为才,犹如君子居位,以能称其服为善。而彼人乃不称其服者。
④ 粢盛,黍稷。秬鬯,祭祀所用酒。
⑤ 役,从事于此。
⑥ 得之,言得利禄。自是,自行其为是之道。
⑦ 《诗·大雅·旱麓》之篇。
⑧ 莫莫,盛貌。葛藟,蔓生植物。施,yì,延。条枚,木之枝干。

表记

回。'① 其舜、禹、文王、周公之谓与！有君民之大德，有事君之小心。《诗》②云：'惟此文王，小心翼翼。③ 昭事上帝，聿怀多福。④ 厥德不回，以受方国。'"⑤

子曰："先王谥以尊名，节以壹惠，⑥ 耻名之浮于行也。是故君子不自大其事，不自尚其功，以求处情；⑦ 过行弗率，⑧ 以求处厚；彰人之善而美人之功，以求下贤。是故君子虽自卑而民敬尊之。"子曰："后稷，天下之为烈也，岂一手一足哉？唯欲行之浮于名也，故自谓便人。"⑨

子言之："君子之所谓仁者，其难乎！《诗》⑩云：'凯弟君子，民之父母。'凯以强教之，弟以说

---

① 凯，乐。弟，易。回，回邪。
② 《诗·大雅·大明》之篇。
③ 翼翼，恭慎之貌。
④ 昭，明。怀，来。言昭明道德，尊事上帝，以致众多之福。
⑤ 言其德无有回邪，故受四方众国之推戴。
⑥ 壹，专。惠，恩赐。言制其谥所以尊其名，表其节所以专其赐。
⑦ 情，情实。以求处情，言不欲虚为矫饰。
⑧ 言有过行则不复率循而行之。
⑨ 言欲实行过于虚名，故仅自谓便于稼穑之人。
⑩ 《诗·大雅·泂酌》之篇。

安之。① 乐而毋荒，有礼而亲，威庄而安，孝慈而敬，使民有父之尊，有母之亲，② 如此而后可以为民父母矣。非至德，其孰能如此乎？今父之亲子也，亲贤而下③无能；母之亲子也，贤则亲之，无能则怜之。母亲而不尊，父尊而不亲。水之于民也，亲而不尊，火尊而不亲；土之于民也，亲而不尊，天尊而不亲；命④之于民也，亲而不尊，鬼尊而不亲。"

子曰："夏道尊命，事鬼敬神而远之，近人而忠焉，先禄而后威，先赏而后罚，亲而不尊。其民之敝，蠢而愚，乔⑤而野，朴而不文。殷人尊神，率民以事神，先鬼而后礼，先罚而后赏，尊而不亲。其民之敝，荡而不静，胜而无耻。⑥周人尊礼尚施，事鬼敬神而远之，近人而忠焉，其赏罚用爵列，亲而不尊。其民之敝，利而巧，文而不惭，贼

---

① 强，强盛、自强。说，通"悦"，喜悦，高兴。
② 言使民对之有尊父亲母之诚。
③ 下，贱之。
④ 命，言人君之教命。一说，天命。
⑤ 乔，高大。言好自高大。
⑥ 言但求苟胜，无所惭耻。

而蔽。"①

子曰:"夏道未渎辞,②不求备,不大望于民,民未厌其亲。殷人未渎礼,而求备于民。周人强民,③未渎神,而赏爵刑罚穷矣。"

子曰:"虞、夏之道,寡怨于民;殷、周之道,不胜其敝。"

子曰:"虞、夏之质,殷、周之文,至矣!虞、夏之文,不胜其质;殷、周之质,不胜其文。"

子言之曰:"后世虽有作者,虞帝弗可及也已矣。君天下,生无私,死不厚其子,子民如父母,有憯怛之爱,有忠利之教,亲而尊,安而敬,威而爱,富而有礼,惠而能散。其君子尊仁畏义,耻费轻实,④忠而不犯,义而顺,文而静,宽而有辨。《甫刑》曰:'德威惟威,德明惟明。'⑤非虞帝,其孰能如此乎?"

---

① 言贼仁而蔽贤。
② 渎,烦渎。辞,言辞。以其尊命,故不烦言辞。
③ 言以礼强教民。
④ 其君子,言其时之臣。费,辞费。实,财货。
⑤ 下"威"字,服其威。下"明"字,尊。

礼记

子言之:"事君先资其言,①拜自献其身,以成其信。是故君有责于其臣,臣有死于其言。故其受禄不诬,其受罪益寡。"

子曰:"事君,大言入则望大利,小言入则望小利。故君子不以小言受大禄,不以大言受小禄。《易》②曰:'不家食,吉。'"③

子曰:"事君不下达,不尚辞,非其人弗自。④《小雅》⑤曰:'靖共尔位,正直是与。⑥神之听之,式谷以女。'"⑦

子曰:"事君远而谏,则讇也;近而不谏,则尸利也。"⑧

---

① 资,谋。言先谋定其进陈之言。
② 《易·大畜》卦辞。
③ 言君有大畜积,不惟与家人食之而已,将以禄天下之贤者,如是则得吉。
④ 不下达,不以浅下之事通达于君。不尚辞,不以言辞为尚。自,由。非其人弗自,言非其人则不与。
⑤ 《诗·小雅·小明》之篇。
⑥ 靖,谋。共,具。言谋具尔之位,惟有正直之德者是与。
⑦ 式,用。谷,禄。言神将听汝之所为,用禄与汝。
⑧ 讇,同"谄"。尸利,言如祭祀之尸,徒受禄利。

子曰:"迩臣守和,宰正百官,大臣虑四方。"①

子曰:"事君欲谏不欲陈。②《诗》③云:'心乎爱矣,瑕不谓矣?中心藏之,何日忘之?'"④

子曰:"事君难进而易退,则位有序;⑤易进而难退,则乱也。故君子三揖而进,一辞而退,以远乱也。"

子曰:"事君三违而不出竟,⑥则利禄也。人虽曰不要,⑦吾弗信也。"

子曰:"事君慎始而敬终。"

子曰:"事君可贵可贱,可富可贫,可生可杀,而不可使为乱。"⑧

子曰:"事君,军旅不辟难,朝廷不辞贱。处

---

① 迩臣,近臣。守和,适中以调和君德。宰,冢宰。大臣,言牧伯。
② 陈,言陈露其过于外。
③ 《诗·小雅·隰桑》之篇。
④ 瑕,通"胡"。谓,犹告也。言心爱于君,君有过胡能不告。此忠诚藏于中心而不忘,所以欲谏而不欲陈。
⑤ 有序,言上下贤否恰得其当。
⑥ 违,去。竟,通"境",边境,国境。
⑦ 要,言其贪禄,强要于君。
⑧ 言贵贱、贫富、生杀悉委诸命,故皆曰可。为乱与否在己,故严守之。

其位而不履其事，则乱也。故君使其臣，得志①则慎虑而从之，否则孰虑而从之。②终事而退，臣之厚也。③《易》④曰：'不事王侯，高尚其事。'"⑤

子曰："唯天子受命于天，士受命于君。故君命顺，则臣有顺命；君命逆，则臣有逆命。《诗》⑥曰：'鹊之姜姜，鹑之贲贲。⑦人之无良，我以为君。'"

子曰："君子不以辞尽人。⑧故天下有道，则行有枝叶；天下无道，则辞有枝叶。⑨是故君子于有丧者之侧，不能赙焉，则不问其所费；⑩于有病者之侧，不能馈焉，则不问其所欲；有客不能馆，则不问其所舍。故君子之接如水，小人之接如醴。君子

---

① 得志，言使当其才。
② 言使不当其才，则熟虑而从行之。
③ 言慎虑熟虑而后从行之，果得事成，便尔引退，既合明哲保身之道，亦全君臣之义，故曰厚。
④ 《易·蛊》卦上九爻辞。
⑤ 言臣致仕而去，君犹高尚其事，尊大其成功。
⑥ 《诗·鄘风·鹑之奔奔》之篇。
⑦ 姜姜、贲贲，争斗恶貌。
⑧ 以辞尽人，言听其辞善，即以为其行尽善。
⑨ 行有枝叶，言德厚而达于百行。辞有枝叶，言虚辞缴绕。
⑩ 赙，fù，以财助丧仪。所费，丧仪之费。

淡以成，小人甘以坏。①《小雅》②曰：'盗言孔甘，乱是用餤。'"③

子曰："君子不以口誉人，则民作忠。故君子问人之寒则衣之，问人之饥则食之，称人之美则爵之。《国风》④曰：'心之忧矣，于我归说。'"⑤

子曰："口惠而实不至，怨灾及其身。是故君子与其有诺责也，宁有已怨。⑥《国风》⑦曰：'言笑晏晏，信誓旦旦，不思其反。⑧反是不思，亦已焉哉！'"⑨

子曰："君子不以色亲人。情疏而貌亲，在小人则穿窬之盗也与？"⑩

---

① 淡以成，言水散于五味，无不调。甘以坏，言醴久则败坏。
② 《诗·小雅·巧言》之篇。
③ 孔，甚。餤，tán，进。
④ 《诗·曹风·蜉蝣》之篇。
⑤ 言欲归其所悦忠信之人。
⑥ 诺，许之。已，不许之。诺责，既许不践而见责。已怨，不许而被怨。
⑦ 《诗·卫风·氓》之篇。
⑧ 晏晏，和柔貌。旦旦，明。反，反复。
⑨ 是，犹之也。言反复之不思，则无如之何，亦已而已矣。
⑩ 在小人，犹言譬诸小人。穿窬之盗时恐人之发觉，情疏貌亲者时恐人之见其情，正相类。

子曰:"情欲信,辞欲巧。"①

子言之:"昔三代明王,皆事天地之神明,无非卜筮之用,不敢以其私亵事上帝。②是故不犯日月,不违卜筮。卜、筮不相袭也。③大事有时日。④小事无时日,有筮。外事用刚日,内事用柔日。⑤不违龟筮。"

子曰:"牲牷、礼乐、齐盛,⑥是以无害乎鬼神,无怨乎百姓。"

子曰:"后稷之祀易富⑦也,其辞恭,其欲俭,其禄及子孙。《诗》⑧曰:'后稷兆祀,庶无罪悔,以迄于今。'"

子曰:"大人之器威敬。天子无筮。⑨诸侯有守

---

① 巧,诚善中理。
② 言皆听命于卜筮,不敢出其私意。
③ 袭,因。言大事则卜,小事则筮。
④ 时日,言祭祀有常时常日。
⑤ 四郊之外为外事,四郊之内为内事。刚日,甲、丙、戊、庚、壬之日。柔日,乙、丁、己、辛、癸之日。
⑥ 牷,quán,牛纯色。齐,zī,通"粢",供祭祀用的谷物。"齐盛"下殆有脱字。
⑦ 富,备。
⑧ 《诗·大雅·生民》之篇。
⑨ 言大率用卜。

筮。① 天子道以筮。② 诸侯非其国，不以筮。卜宅寝室。③ 天子不卜处大庙。"④

子曰："君子敬则用祭器，⑤ 是以不废日月，不违龟筮，⑥ 以敬事其君长。是以上不渎于民，下不亵于上。"

---

① 守筮，守国之筮，国有事则用之。
② 言天子在道则用筮，以龟当敬，不可亵而携之于道。
③ 言不敢问吉凶于人之国。
④ 以大庙之吉，豫已卜之。
⑤ 言举大事，主于敬，则用祭器。
⑥ 不废、不违，皆言致敬。

缁衣①

子言之曰:"为上易事也,为下易知也,则刑不烦矣。"

子曰:"好贤如《缁衣》,恶恶如《巷伯》,②则爵不渎而民作愿,③刑不试而民咸服。《大雅》④曰:'仪刑文王,万国作孚。'"⑤

子曰:"夫民,教之以德,齐之以礼,则民有

---

① 《缁衣》,《诗·郑风》篇名。郑桓公、武公相继为周司徒,善于其职,周人爱之,故作是诗。此篇第二章首有"好贤如《缁衣》"句,故取以名篇。
② 《巷伯》,《诗·小雅》篇名。有遭谗被刑而为巷伯者,因作此诗以寄意。
③ 渎,滥。作愿,务为谨愿。
④ 《诗·大雅·文王》之篇。
⑤ 仪刑,象法。孚,信。作孚,言无不为信。

格心。① 教之以政，齐之以刑，则民有遁心。② 故君民者，子以爱之，则民亲之；信以结之，则民不倍；恭以莅之，则民有孙心。③《甫刑》曰：'苗民匪用命，制以刑，惟作五虐之刑，曰法。'④ 是以民有恶德，而遂绝其世也。"

子曰："下之事上也，不从其所令，从其所行。上好是物，下必有甚者矣。故上之所好恶，不可不慎也，是民之表也。"

子曰："禹立三年，百姓以仁遂焉，⑤ 岂必尽仁？⑥《诗》⑦云：'赫赫师尹，民具尔瞻。'⑧《甫刑》曰：'一人有庆，⑨ 兆民赖之。'《大雅》⑩曰：'成王

---

① 格，来。格心，言来归之心。
② 遁，逃。遁心，言远离之心。
③ 莅，临。孙，通"逊"，顺。孙心，言恭顺之心。
④ 言苗民不用命令，其君制以严刑，惟作五种虐刑而自谓为法。
⑤ 遂，底于成。以仁遂，言无一不归于仁。
⑥ 言百姓本性非必尽仁。
⑦ 《诗·小雅·节南山》之篇。
⑧ 师尹，太师尹氏。民具尔瞻，言民皆师尹之行动是视。
⑨ 庆，善。
⑩ 《诗·大雅·下武》之篇。

之孚,下土之式。'"①

子曰:"上好仁,则下之为仁争先人。故长民者章志、贞教、尊仁,以子爱百姓,民致行己,以说其上矣。②《诗》③云:'有梏德行,④四国顺之。'"

子曰:"王言如丝,其出如纶;王言如纶,其出如綍。⑤故大人不倡游言。⑥可言也,不可行,君子弗言也。可行也,不可言,君子弗行也。则民言不危行,而行不危言矣。⑦《诗》⑧云:'淑慎尔止,不愆于仪。'"⑨

子曰:"君子道人以言,而禁人以行。⑩故言必

---

① 言武王成就王道之信者,故为下土法。
② 章志,章明其志。贞教,贞固其教。致行己,言致尽行己之道。说,通"悦",喜悦,高兴。
③ 《诗·大雅·抑》之篇。
④ 梏,通"觉"。言有所明觉于德行。一说,有,状物之词。梏,大。犹言"大哉德行也"。
⑤ 纶,合多丝为之,故粗于丝。綍,大绳。言王言初出微细,及其出行于外,则其化渐大。
⑥ 游言,犹言浮言,不切实之言。
⑦ 危,过高而危。言不危行、行不危言,言行相应,不此高于彼。
⑧ 《诗·大雅·抑》之篇。
⑨ 淑,善。止,容止。愆,通"愆",过。
⑩ 道,通"导"。禁人以行,言于行为禁约人,使无弊。

缁衣

虑其所终，而行必稽其所敝，①则民谨于言而慎于行。《诗》②云：'慎尔出话，敬尔威仪。'《大雅》③曰：'穆穆文王，於缉熙敬止！'"④

子曰："长民者衣服不贰，从容有常，以齐其民，则民德壹。《诗》⑤云：'彼都人士，狐裘黄黄。其容不改，出言有章。行归于周，万民所望。'"⑥

子曰："为上可望而知也，为下可述而志也，⑦则君不疑于其臣，而臣不惑于其君矣。《尹吉》⑧曰：'惟尹躬及汤，咸有壹德。'⑨《诗》⑩云：'淑人君子，其仪不忒。'"

---

① 虑其所终，预料其结果。稽其所敝，考核其中有无弊病。
② 《诗·大雅·抑》之篇。
③ 《诗·大雅·文王》之篇。
④ 穆穆，深远之意。於，wū，感叹词。缉熙，光明。止，语词。
⑤ 《诗·小雅·都人士》之篇。
⑥ 黄黄，状狐裘之色。不改，言有常。言彼都人士德容并美，为万民之所望。
⑦ 可望而知，言望其威仪，可知其内心。志，心相孚。可述而志，言所事皆忠诚，故即事可称述而心与孚。
⑧ 吉，当为"告"字。当时凡伊尹所言，皆称《尹告》。下所引语，今载《书·咸有一德》篇。
⑨ 壹德，纯一之德。
⑩ 《诗·曹风·鸤鸠》之篇。

子曰:"有国者章善瘅①恶,以示民厚,②则民情不贰。《诗》③云:'靖共④尔位,好是正直。'"

子曰:"上人疑则百姓惑,下难知则君长劳。故君民者章好以示民俗,慎恶以御民之淫,⑤则民不惑矣。臣仪行,不重辞,⑥不援其所不及,不烦其所不知,⑦则君不劳矣。《诗》⑧云:'上帝板板,下民卒瘅。'⑨《小雅》⑩曰:'匪其止共,惟王之邛。'"⑪

子曰:"政之不行也,教之不成也,爵禄不足劝也,刑罚不足耻也,⑫故上不可以亵刑而轻爵。《康诰》曰:'敬明乃罚。'⑬《甫刑》曰:'播刑之

---

① 瘅,dǎn,病。
② 言示民归于厚。
③ 《诗·小雅·小明》之篇。
④ 靖,谋。共,具。
⑤ 言章其所好之善以示民而成俗,慎其所恶之恶以御民而禁淫。
⑥ 仪行,依礼而行。重辞,理曲而重言以自解。
⑦ 言不强君以所不及不知之事。
⑧ 《诗·大雅·板》之篇。
⑨ 上帝,喻君。板板,反其常。卒,尽。瘅,病。
⑩ 《诗·小雅·巧言》之篇。
⑪ 共,通"恭"。邛,qióng,劳,病。言小人不止于恭敬,惟为奸恶,使王劳病。
⑫ 言政不行,教不成,其故在爵禄不足以劝之,刑罚不足以耻之。
⑬ 乃,汝。言汝所施刑罚,必敬而明之。

缁衣

不迪。'"①

子曰:"大臣不亲,百姓不宁,则忠敬不足,而富贵已过也。②大臣不治,而迩臣比矣。③故大臣不可不敬也,是民之表也;迩臣不可不慎也,是民之道也。④君毋以小谋大,毋以远言近,毋以内图外,⑤则大臣不怨,迩臣不疾,而远臣不蔽矣。叶公之顾命⑥曰:'毋以小谋败大作,毋以嬖御人疾庄后,毋以嬖御士疾庄士、大夫、卿士。'"⑦

子曰:"大人不亲其所贤,而信其所贱,⑧民是以亲失,而教是以烦。⑨《诗》⑩云:'彼求我则,如

---

① 播,犹施也。不,衍字。迪,道。
② 言所以竭忠致敬者不足,而施与之富贵太过。
③ 不治,不治事。迩臣,近臣。比,私相亲。
④ 表,言民之所望。道,言民之所从。
⑤ 小大、远近、内外,皆指其臣言之。言毋与不当谋者谋之。
⑥ 叶,为"祭"之误。祭,zhài,姓。祭公谋父疾革时告周穆王之言,故曰"顾命"。语今见《逸周书·祭公解》。
⑦ 小谋,小臣之谋。大作,大臣之作为。疾,诋非。庄,庄正。
⑧ 言所贤宜亲而不亲,所贱宜远而信之。
⑨ 亲失,失其所当亲。教烦,政教烦乱。
⑩ 《诗·小雅·正月》之篇。

不我得。^①执我仇仇，亦不我力。^②'《君陈》曰：'未见圣，若己弗克见；既见圣，亦不克由圣。'"^③

子曰："小人溺于水，君子溺于口，大人溺于民，皆在其所亵^④也。夫水近于人而溺人，德^⑤易狎而难亲也，易以溺人。口费而烦，^⑥易出难悔，易以溺人。夫民闭于人而有鄙心，^⑦可敬不可慢，易以溺人。故君子不可以不慎也。《太甲》曰：'毋越厥命，以自覆也。'^⑧'若虞机张，往省括于厥度则释。'^⑨《兑命》^⑩曰：'惟口起羞，惟甲胄起兵，^⑪惟衣裳在笥，惟干戈省厥躬。'^⑫《太甲》曰：'天作孽，

---

① 言彼初求我以为法则，如恐不我得。
② 仇仇，伴匹。言既得我以为仇匹，又不能用我之力。
③ 由，用。言不能用圣道。
④ 亵，言亵慢而不致敬慎。
⑤ 德，水之德。
⑥ 费，言无实。烦，言无节。
⑦ 言对人深闭固拒，而内怀鄙陋之心。
⑧ 言毋越天命以自取覆败。
⑨ 虞，主田猎之地者。括，矢末。度，言所拟射。释，释弦发矢。言为政之道，如虞人先张其机，更省视其矢括，既当于所射之度，然后释弦发矢。
⑩ 兑，当为"说"，yuè。《兑命》，《商书》篇名。
⑪ 言惟口出言不当，便来羞辱，惟甲胄起兵戎之事。
⑫ 言衣裳在笥，当服以行礼，干戈当自省其身而后用之。

可违也；自作孽，不可以逭。'①《尹吉》曰：'惟尹躬天见于西邑夏，自周有终，相亦惟终。'"②

子曰："民以君为心，君以民为体。心庄则体舒，心肃则容敬。心好之，身必安之；君好之，民必欲之。心以体全，亦以体伤；君以民存，亦以民亡。《诗》③云：'昔吾有先正，④其言明且清，国家以宁，都邑以成，庶民以生。''谁能秉国成？不自为正，卒劳百姓。'⑤《君雅》曰：'夏日暑雨，小民惟曰怨资；冬祁寒，小民亦惟曰怨。'"⑥

子曰："下之事上也，身不正，言不信，则义不壹，行无类也。"⑦

---

① 逭，huàn，逃。
② 语今载《书·太甲篇》。天，为"先"字之误。言伊尹之先祖见西邑夏之君，其君能周密操修，自有其终，而当时为之相者，亦如其君能有终。
③ "昔吾有先正"五句，今《诗》皆无。余语在《诗·小雅·节南山》之篇。
④ 先正，言先王能正己而后正人者。
⑤ 伤今无复有此先正。
⑥ 今《书》"资"作"咨"，末"怨"字下更有一"咨"字。咨，嗟。祁，大。
⑦ 不壹，言不能专于其身。无类，言无以合乎伦类。

子曰:"言有物而行有格也,①是以生则不可夺志,死则不可夺名。②故君子多闻,质而守之;多志,质而亲之;③精知,略而行之。④《君陈》曰:'出入自尔师虞,庶言同。'⑤《诗》⑥云:'淑人君子,其仪一也。'"

子曰:"唯君子能好其正,小人毒其正。⑦故君子之朋友有乡,其恶有方。⑧是故迩者不惑,而远者不疑也。《诗》⑨云:'君子好仇。'"⑩

子曰:"轻绝贫贱而重绝富贵,⑪则好贤不坚而

---

① 言有物,言有其实。行有格,行有规矩。
② 言其志其名诚善,欲夺而不可。
③ 质,正。志,见而识之。言所闻所志虽多,皆质众人之所同,而后守之亲之。
④ 言知之既精,择其要略而行之。
⑤ 师、庶,皆众。虞,谋度。言出入政教当由尔众人谋度,众言同,乃行之。
⑥ 《诗·曹风·鸤鸠》之篇。
⑦ 皆言对人。君子好其正而友之,小人毒其正而害之。一说,正,为"匹"字之误,言朋友。
⑧ 乡,通"向"。有乡、有方,言取舍有常。
⑨ 《诗·周南·关雎》之篇。
⑩ 仇,匹。
⑪ 轻绝,绝之易。重绝,绝之难。言于朋友之贤而贫贱者则轻绝之,于不贤而富贵者则重绝之。

缁衣

恶恶不著也。人虽曰不利,① 吾不信也。《诗》②云:'朋友攸摄,摄以威仪。'"③

子曰:"私惠不归德,君子不自留焉。④《诗》⑤云:'人之好我,示我周行。'"⑥

子曰:"苟有车,必见其轼;苟有衣,必见其敝。人苟或言之,必闻其声;苟或行之,必见其成。《葛覃》⑦曰:'服之无射。'"⑧

子曰:"言从而行之,则言不可饰也;行从而言之,则行不可饰也。⑨故君子寡言而行以成其信,则民不得大其美而小其恶。⑩《诗》⑪云:'白圭之玷,

---

① 不利,不徼利。
② 《诗·大雅·既醉》之篇。
③ 言朋友相摄以威仪。
④ 言私惠不合于道德,君子不肯承受或留连。
⑤ 《诗·小雅·鹿鸣》之篇。
⑥ 周行,大道。
⑦ 《诗·周南》篇名。
⑧ 射,通"斁",厌。言采葛以为衣,君子服之无厌,以证人之所行终有后验。
⑨ 从,随。饰,虚饰。言先言而行随之,先行而言随之,须有其实,不可虚饰。
⑩ 言增益其美,减损其恶。
⑪ 《诗·大雅·抑》之篇。

尚可磨也。斯言之玷，不可为也。'《小雅》①曰：'允也君子，展也大成。'②《君奭》曰：'昔在上帝，周田观文王之德，其集大命于厥躬。'"③

子曰："南人有言曰：'人而无恒，不可以为卜筮。'古之遗言与！龟筮犹不能知也，而况于人乎！④《诗》⑤云：'我龟既厌，不我告犹。'⑥《兑命》⑦曰：'爵无及恶德，民立而正。事纯而祭祀，是为不敬。⑧事烦则乱，事神则难。'⑨《易》⑩曰：

---

① 《诗·小雅·车攻》之篇。
② 允，信。展，诚。言君子诚信而大成其功。
③ "周田观"三字，今《书》作"割申劝"。割，通"盖"。言文王之德，上帝盖申劝之，故集大命于其身，使之王天下。校订者按，郑玄注曰："古文'周田观文王之德'为'割申劝宁王之德'，今博士读为'厥乱劝宁王之德'。三者皆异，古文似近之。割之言盖也。"孔颖达疏曰："此'周'字古文为'割'，此'田'字古文作'申'，此'观'"字古文为'劝'，皆字体相涉，今古错乱。"
④ 言无恒之人必不能知人。
⑤ 《诗·小雅·小旻》之篇。
⑥ 犹，道。言我龟既因见渎而厌倦，不复告我以吉凶之道。
⑦ 所引与《书》不合，疑是节引其辞而释之。
⑧ 纯，犹皆也。言爵赏之事，民将立以为正。事若皆如爵赏之乱及，而以祭祀，是为不敬鬼神。一说，正，通"政"。纯，犹醇也。言民立而政事纯，可谓善矣，然黩于祭祀，是为不敬。
⑨ 言难以事鬼神。
⑩ 《易·恒》卦九三爻辞。

缁衣

'不恒其德,或承之羞。'① '恒其德,侦,妇人吉,夫子凶。'"

---

① 言将受羞辱。下为六五爻辞,于义不类,衍文。

大学①

　　大学之道，在明明德，在亲民，②在止于至善。③知止而后有定，④定而后能静，静而后能安，安而后能虑，虑而后能得。⑤物有本末，事有终始，知所先后，则近道矣。

　　古之欲明明德于天下者，⑥先治其国。欲治其国者，先齐其家。欲齐其家者，先修其身。欲修其身者，先正其心。欲正其心者，先诚其意。欲诚其

---

① 篇首言"大学之道"，故以《大学》名篇。言所记皆古太学所教修己治人之道。
② 亲，近。亲民，言于人近而爱之。
③ 止，处。言明明德亲民皆当自处于至善之地而不迁。
④ 言知所处而后心有定向定力。
⑤ 静，宁静不纷。安，安和顺适。虑，思虑。得，有所得。
⑥ 言欲明明德以平天下者。

意者,先致其知。致知在格物。① 物格而后知至,② 知至而后意诚,意诚而后心正,心正而后身修,身修而后家齐,家齐而后国治,国治而后天下平。自天子以至于庶人,壹是③皆以修身为本。其本乱而末治者,否矣。④ 其所厚者薄,而其所薄者厚,⑤ 未之有也。此谓知本,此谓知之至也。⑥

所谓诚其意者,毋自欺也。如恶恶臭,如好好色,此之谓自谦。⑦ 故君子必慎其独⑧也。小人闲居为不善,无所不至,见君子而后厌然掩其不善而著其善。⑨ 人之视己,如见其肺肝然,则何益矣?⑩ 此

---

① 格,穷究。言致知在穷究事物之理。一说,格,量度之。
② 至,极。知至,言其知臻乎至极。
③ 壹是,犹一律也。
④ 本乱,言身不修。末治,言家齐以至天下平。否矣,犹言无之也。
⑤ 厚,犹亲也。薄,犹疏也。所厚者薄,言修身首当注重,而不之重。所薄者厚,言身以外之家国天下俱较远于身,而得齐得治得平。
⑥ 言知以修身为本则为知本,此知之臻乎至极。
⑦ 谦,矜夸之反。矜夸者往往以虚为实,务欲欺人。此言好恶俱诚,谓之自谦,即诚实不欺。
⑧ 慎其独,言致慎于存心之独念。
⑨ 厌然,闭藏貌。言见君子而后厌然闭藏其不善之事。
⑩ 己,指小人。何益,言虽掩其不善而著其善,究无益。

礼记

谓诚于中,形于外,①故君子必慎其独也。曾子曰:"十目所视,十手所指,其严乎!"②富润屋,德润身,③心广体胖,④故君子必诚其意。

《诗》⑤云:"瞻彼淇澳,菉竹猗猗。⑥有斐君子,如切如磋,如琢如磨。⑦瑟兮僩兮,赫兮喧兮。⑧有斐君子,终不可諠⑨兮。"如切如磋者,道学也。⑩如琢如磨者,自修也。瑟兮僩兮者,恂栗也。⑪赫兮喧兮者,威仪也。有斐君子,终不可諠兮者,道盛德至善,⑫民之不能忘也。《诗》⑬云:"於戏!前王不

---

① 言小人诚存于为不善,故形于外者不能掩饰。
② 言指视者众,甚可严惮,宜勿自欺。
③ 言内有富有之实,以润饰其屋,则华美形于外,犹之具有至德,诚中斯形外,身亦光荣。
④ 言内心宽广则外体胖大,亦明中外相应之意。
⑤ 《诗·卫风·淇澳》之篇。
⑥ 淇,水名。澳,yù,隈崖。猗猗,yī yī,美盛貌。
⑦ 有,状物之词。有斐,犹言"斐然",有文章之貌。切磋琢磨,喻修身之精进不已。
⑧ 瑟,矜庄貌。僩,xiàn,威严貌。赫,颜色盛美貌。喧,威仪宣著貌。
⑨ 諠,忘。
⑩ 言以道为学。
⑪ 恂栗,严谨。言诚于中。
⑫ 言其道极盛,其德至善。
⑬ 《诗·周颂·烈文》之篇。

忘。"①君子贤其贤而亲其亲,小人乐其乐而利其利,此以没世不忘也。②《康诰》曰:"克明德。"③《大甲》曰:"顾諟天之明命。"④《帝典》曰:"克明峻德。"⑤皆自明也。汤之《盘铭》曰:"苟日新,日日新,又日新。"⑥《康诰》曰:"作新民。"⑦《诗》⑧曰:"周虽旧邦,其命惟新。"⑨是故君子无所不用其极。⑩《诗》⑪云:"邦畿千里,惟民所止。"⑫《诗》⑬云:"缗蛮黄鸟,止于丘隅。"⑭子曰:"于止,知其

---

① 於戏,通"呜呼"。言前世之王,其德不可忘。
② 言君子同其善,小人蒙其惠,故没世不忘。
③ 克,能。言能自明其德。
④ 諟,shì,审,谛。言当顾此而审谛天之明命。
⑤ 《帝典》,《尧典》。峻,大。
⑥ 盘,盥洗之盘。新,言涤去旧污而新之。铭言若自今以始,每日而新之,则当继今之日,每日而新之,又于继今之后,每日又新之。
⑦ 言当自念其德,勉为新民。
⑧ 《诗·大雅·文王》之篇。
⑨ 言周虽旧邦,其所施教命唯能念德而自新。
⑩ 极,至。言君子日新其德,无处不用其至极之心力。
⑪ 《诗·商颂·玄鸟》之篇。
⑫ 言殷之邦畿千里,人民集而来止于斯。
⑬ 《诗·小雅·缗蛮》之篇。
⑭ 缗,mián。缗蛮,小鸟貌。隅,角。

所止,①可以人而不如鸟乎?"《诗》②云:"穆穆文王,於缉熙敬止!"③为人君,止于仁;为人臣,止于敬;为人子,止于孝;为人父,止于慈;与国人交,止于信。子曰:"听讼,吾犹人也。必也,使无讼乎!"无情者不得尽其辞,④大畏民志。⑤此谓知本。⑥

所谓修身在正其心者,身有所忿懥,⑦则不得其正;有所恐惧,则不得其正;有所好乐,则不得其正;有所忧患,则不得其正。心不在焉,视而不见,听而不闻,食而不知其味。此谓修身在正其心。

所谓齐其家在修其身者,人之其所亲爱而辟焉,之其所贱恶而辟焉,之其所畏敬而辟焉,之其

---

① 于止,言于鸟之所止。知其所止,言止得其所。
② 《诗·大雅·文王》之篇。
③ 穆穆,深远之意。於,wū,叹词。缉熙,光明。言呜呼,文王之德,缉熙光明,又能敬其所止以自处。止,本为语词,此处作"所止",盖断章取义。
④ 情,实。言使无情实者,不得竭尽其虚伪之辞。
⑤ 言又能大畏人民之心志,使诚其意,而不敢尽其虚伪之辞。
⑥ 言能如上言,则可无讼,故谓知本。
⑦ 懥,zhì,怒。

所哀矜而辟焉，之其所敖惰而辟焉。① 故好而知其恶、恶而知其美者，天下鲜矣。故谚有之曰："人莫知其子之恶，莫知其苗之硕。"② 此谓身不修不可以齐其家。

所谓治国必先齐其家者，其家不可教而能教人者，无之。故君子不出家而成教于国。孝者，所以事君也；弟者，所以事长也；慈者，所以使众也。《康诰》曰："如保赤子。"③ 心诚求之，虽不中不远矣。④ 未有学养子而后嫁者也。⑤ 一家仁，一国兴仁；一家让，一国兴让；一人贪戾，一国作乱。其机⑥如此。此谓一言偾事，一人定国。尧、舜率天下以仁，而民从之；桀、纣率天下以暴，而民从之。其所令反其所好，而民不从。⑦ 是故君子有诸己而后

---

① 之，犹于也。辟，通"僻"，偏僻，偏执，言心意偏僻，失其正。
② 莫知子恶，爱而僻。莫知苗硕，望之奢。
③ 言治民如保爱赤子。
④ 言一心精诚求此赤子之嗜欲，虽未必正中其嗜欲，而亦必不差远。
⑤ 言母之养子，本于精诚，故不待预习，自能得其正。
⑥ 机，治乱之机。
⑦ 言所出之令与其所好相反，如所好者恶，却令人为善，则民不从。

求诸人,无诸己而后非诸人。① 所藏乎身不恕而能喻诸人者,未之有也。② 故治国在齐其家。《诗》③云:"桃之夭夭,其叶蓁蓁。之子于归,宜其家人。"④ 宜其家人,而后可以教国人。《诗》⑤云:"宜兄宜弟。"⑥ 宜兄宜弟,而后可以教国人。《诗》⑦云:"其仪不忒,正是四国。"⑧ 其为父子兄弟足法,而后民法之也。此谓治国在齐其家。

所谓平天下在治其国者,上老老而民兴孝,上长长而民兴弟,上恤孤而民不倍,⑨ 是以君子有絜矩之道⑩也。所恶于上,毋以使下;所恶于下,毋以事上;所恶于前,毋以先后;所恶于后,毋

---

① 求诸人,责人亦有之。非诸人,致责于人。
② 所藏乎身,言存于躬之行为。言行为不由恕道,未有能晓谕于人者。
③ 《诗·周南·桃夭》之篇。
④ 夭夭,好貌。蓁蓁,zhēn zhēn,茂盛貌。之子,是子,指嫁者。归,嫁。家人,言夫家之人。
⑤ 《诗·小雅·蓼萧》之篇。
⑥ 言与兄弟相善相宜。
⑦ 《诗·曹风·鸤鸠》之篇。
⑧ 言在位者威仪不有差忒,可以正四方之国。
⑨ 在前之"老"字、"长"字均为动词,言老其老,长其长。倍,背弃。
⑩ 絜,xié,度。矩,所以为方之器。絜矩之道,言于事物皆度之以求其正则。

以从前；所恶于右，毋以交于左；所恶于左，毋以交于右。①此之谓絜矩之道。《诗》②云："乐只③君子，民之父母。"民之所好好之，民之所恶恶之，此之谓民之父母。《诗》④云："节彼南山，维石岩岩。赫赫师尹，民具尔瞻。"⑤有国者不可以不慎，辟则为天下僇矣！《诗》⑥云："殷之未丧师，克配上帝。⑦仪监于殷，峻命不易。"⑧道得众则得国，失众则失国。

是故君子先慎乎德。有德此有人，有人此有土，有土此有财，有财此有用。德者，本也；财者，末也。外本内末，争民施夺。⑨是故财聚则民

---

① 上下以位言，前后以事言，左右以人言。皆言所恶者此，即勿复以此施于人。
② 《诗·小雅·南山有台》之篇。
③ 只，语词。
④ 《诗·小雅·节南山》之篇。
⑤ 节，jié，高峻貌。师尹，太师尹氏。民具尔瞻，言民皆师尹之行动是视。
⑥ 《诗·大雅·文王》之篇。
⑦ 师，众。言殷未失众心以前，其德足以配乎上帝。
⑧ 仪，今《诗》作"宜"。监，视。峻，大。言宜视于殷之得失，而知奉此天之大命为不易。
⑨ 外，疏，轻。内，亲，重。言轻本而重末，是争民之财而先施其劫夺于民。

散,财散则民聚。是故言悖而出者,亦悖而入;货悖而入者,亦悖而出。① 《康诰》曰:"惟命不于常。"道善则得之,不善则失之矣。《楚书》曰:"楚国无以为宝,惟善以为宝。"舅犯②曰:"亡人③无以为宝,仁亲以为宝。"

《秦誓》曰:"若有一个臣,断断兮无他技,其心休休焉,其如有容焉。④ 人之有技,若己有之,人之彦圣,其心好之,不啻若自其口出,⑤ 寔能容之,以能保我子孙黎民,尚亦有利哉!⑥ 人之有技,媢嫉以恶之,人之彦圣,而违之俾不通,⑦ 寔不能容,以不能保我子孙黎民,亦曰殆哉!"唯仁人放流之,⑧ 迸诸四夷,不与同中国。此谓唯仁人为能爱人,能

---

① 悖,逆。言发言悖逆,亦得悖逆之报;横征暴敛,终必忽焉丧之。
② 舅犯,晋文公之舅狐偃。
③ 亡人,言文公,时避骊姬之谮,出亡在外。
④ 个,今《书》作"介"。断断,duàn duàn,诚一之貌。休休,宽容之貌。其如有容,言其形貌似有包容。
⑤ 若己有之,言亲之而不嫉之。彦,才之美。圣,德之积。不啻若自其口出,言心好彦圣,多于口说,盖爱乐之甚。
⑥ 寔,是。言是能有所包容,故能保我之子孙,而黎民庶几亦有利。
⑦ 媢,mào,嫉妒。违之俾不通,言违抑之,使其善不达于上。
⑧ 言放流此等蔽善之人。

恶人。见贤而不能举,举而不能先,命也。见不善而不能退,退而不能远,过也。好人之所恶,恶人之所好,是谓拂人之性,菑必逮夫身。① 是故君子有大道,必忠信以得之,骄泰以失之。

生财有大道。生之者众,食之者寡,为之者疾,用之者舒,则财恒足矣。仁者以财发身,不仁者以身发财。② 未有上好仁而下不好义者也,未有好义其事不终③者也,未有府库财非其财者也。孟献子④曰:"畜马乘,不察于鸡豚;⑤伐冰之家,不畜牛羊;⑥百乘之家,不畜聚敛之臣,与其有聚敛之臣,宁有盗臣。"⑦ 此谓国不以利为利,以义为利也。长

---

① 菑,通"灾"。逮,及。
② 发,起。以财发身,言散施其财,以发起身之令名。以身发财,言劳役其身,以发起其财。
③ 不终,犹不成也。
④ 孟献子,鲁大夫仲孙蔑。
⑤ 畜马乘,言士。畜鸡豚而不察,言不若小人务为积财。
⑥ 伐冰之家,言卿大夫以上,丧祭用冰者。不畜牛羊,言不与人争利。
⑦ 百乘之家,言卿大夫有采地者。盗臣损财,聚敛之臣则损义,故宁有盗臣。

国家而务财用者，必自小人矣。彼为善之，①小人之使为国家，菑害并至，虽有善者，②亦无如之何矣！此谓国不以利为利，以义为利也。

---

① 自，用。彼，指小人。言长国家而务财用者，必用小人，小人固以务财用为善。
② 善者，言善人善政。

图书在版编目（CIP）数据

礼记 / 叶绍钧选注；王延模校订. —北京：商务印书馆，2018
（学生国学丛书新编 / 王宁主编）
ISBN 978-7-100-15399-7

Ⅰ.①礼… Ⅱ.①叶… ②王… Ⅲ.①礼仪—中国—古代 ②《礼记》—注释 Ⅳ.① K892.9

中国版本图书馆 CIP 数据核字（2017）第 243545 号

权利保留，侵权必究。

学生国学丛书新编

礼 记

叶绍钧　选注

王延模　校订

商 务 印 书 馆 出 版
（北京王府井大街36号 邮政编码100710）
商 务 印 书 馆 发 行
北京市艺辉印刷有限公司印刷
ISBN 978 - 7 - 100 - 15399 - 7

2018年7月第1版　　开本 787×1092　1/32
2018年7月北京第1次印刷　印张 7 3/4

定价：28.00 元